365
HISTORY
CALENDAR

등장인물 하반기

7월

백석 | 헤르만 헤세 | 짐 모리슨 | 루이스 캐럴 | 비키니 수영복 | 프리다 칼로 | 코난 도일 | 윔블던 테니스 대회 | 앤디 워홀 | 마르셀 프루스트 | 헨리 8세 | 헨리 데이비드 소로 | 엘비스 프레슬리 | 박지성 | 지아니 베르사체 | 제인 구달 | 애덤 스미스 | 나디아 코마네치 | 에드가르 드가 | 아폴로 11호 | 원숭이 재판 | 그레고르 멘델 | 포경 전면금지 | 알렉상드르 뒤마 | 퀴리 부부 | 에바 페론 | 에밀 자토페크 | 감자 | 존 로널드 루엘 톨킨 | 펭귄북스 | 프란츠 리스트

8월

안네 프랑크 | 한니발 | 노블레스 오블리주 | 안데르센 | 혼다 소이치로 | 히로시마 원폭 | 타고르 | 최승희 | 황영조 | 박태환 | 앤드류 카네기 | 조지 스티븐슨 | 플로렌스 나이팅게일 | 이순신 | 육영수 | 토머스 에드워드 로렌스 | 우사인 볼트 | 칭기즈칸 | 세계인구 | 레온 트로츠키 | 모나리자 | 덩 샤오핑 | 여자 정신대 | 폼페이 최후의 날 | 인스턴트 라면 | 피의 일요일 | 영화 '로마의 휴일' | 김민기 | 고트프리 다임러 | 워런 에드워드 버핏 | 다이애나 비

9월

카다피 | 베트남 독립선언 | 알렉산더 플레밍 | 알베르트 슈바이처 | 테레사 수녀 | 존 돌턴 | 리처드 1세 | 기욤 아폴리네르 | 컴퓨터 '버그' | 최초의 신도시 화성 | 마하트마 간디 | 세레나 윌리엄스 | 로알드 달 | 황순원 | 탱크 | 마리아 칼라스 | 김대중 | 그레타 가르보 | 더 트위스트 | 소피아 로렌 | 아르투르 쇼펜하우어 | 아이작 스턴 | 로키 마르시아노 | 벤 존슨 | 루쉰 | 폴 뉴먼 | 에드가르 드가 | 마라톤 전투 | 사상계 폐간 | 제임스 딘

10월

헨리 포드 | 최진실 | 남북정상회담 | 슬로보단 밀로세비치 | 달라이 라마 | 영화 '재즈 싱어' | 세르반테스 | 왕가리 마타이 | 세종대왕 | 율 브리너 | 에디트 피아프 | 존 덴버 | 네로 황제 | 로멜 장군 | 마타하리 | 마리 앙투아네트 | 선통제 푸이 | 허먼 멜빌 | 카미유 클로델 | 김좌진 | 호레이쇼 넬슨 | 존 F. 케네디1 | 스머프 | 크리스티앙 디오르 | 요한 슈트라우스 2세 | 니코스 카잔차키스 | 에라스무스 | 베니토 무솔리니 | 보리스 파스테르나크 | 무하마드 알리 | 러시모어 산

11월

김현식 | 버나드 쇼 | 앙리 마티스 | 로널드 레이건 | 알버트 아인슈타인 | 에이브러햄 링컨 | 러시아 혁명 | 빌헬름 뢴트겐 | 전국노래 자랑 | 아르튀르 랭보 | 표도르 도스토예프스키 | 보이저 1호 | 전태일 | 넬리 블라이 | 마거릿 미드 | 잉카제국 | '마우스' 발명 | 영화 '벤허' | 미키 마우스 | 프란츠 피터 슈베르트 | 레프 톨스토이 | 볼테르 | 마이크 타이슨 | 프레디 머큐리 | 앙리 툴루즈 로트렉 | 알프레드 노벨 | 투탕카멘 | 마쓰시타 고노스케 | 페르디난드 마젤란 | 김춘수 | 마크 트웨인

12월

베나지르 부토 | 베이징 원인 | 오귀스트 르누아르 | 영화 'ET' | 리영희 | 불국사 석굴암 | 노엄 촘스키 | 존 레논 | 레흐 바웬사 | 윈저공 | 손정의 | 전두환 | 사담 후세인 | 막스 플랑크 | 프란시스코 타레가 | 월트 디즈니 | 해리 트루먼 | 라이트 형제 | 발레 '호두까기 인형' | 노무현 | 스타인 벡 | 광부 파독 | 드레퓌스 | 도조 히데키 | 캐럴 '고요한 밤 거룩한 밤' | 크리스마스 | 마오쩌둥 | 찰스 다윈 | 뤼미에르 형제 | 랜스 암스트롱 | 윤동주 | '최고'와 '최악'

365 HISTORY CALENDAR

초판 1쇄 인쇄 | 2018년 12월 28일
초판 1쇄 발행 | 2018년 1월 5일

지은이 | 박상철
펴낸이 | 박영욱
펴낸곳 | (주)북오션

편 집 | 허현자 · 이상모
마케팅 | 최석진
디자인 | 서정희 · 민영선

주 소 | 서울시 마포구 월드컵로 14길 62
이메일 | bookocean@naver.com
네이버포스트 : m.post.naver.com ('북오션' 검색)
전 화 | 편집문의: 02-325-9172 영업문의: 02-322-6709
팩 스 | 02-3143-3964

출판신고번호 | 제313-2007-000197호

ISBN 978-89-6799-445-7 (02900)

등장인물 상반기

1월

쿠바혁명 | 아이작 아시모프 | 레오나르도 다빈치 | 황석영 | 킨제이 보고서 | 김광석 | 이승만 | 박정희 | 시몬느 드 보부아르 | 코코 샤넬 | 마호메트 | 애거서 크리스티 | 에밀 졸라 | 험브리 보가트 | 로자 룩셈부르크 | 옥타비아누스 | 벤저민 프랭클린 | 스콧 | 스티브 잡스 | 오드리 헵번 | 루이 16세 | 앙코르와트 | 에두아르 마네 | 윈스턴 처칠 | 서머싯 몸 | 한성전기회사 | 모차르트 | 챌린저호 | 칼 벤츠 | 로미오와 줄리엣 | 침팬지 '햄'

2월

괴테 | 버트런드 러셀 | 거투르드 스타인 | 조지 워싱턴 | 찰리 채플린 | 엘리자베스 2세 | 찰스 디킨스 | 러일 전쟁 | 매카시즘 | 연극 '세일즈맨의 죽음' | 공자 | 빌 클린턴 | 영화 '쉬리' | 살만 루시디 | 리처드 파인만 | 김수환 추기경 | 제로니모 | 로버트 오펜하이머 | 토마스 에디슨 | 이이 | 항우 | 팝콘 | 이오지마 함락 | 마르크스와 엥겔스 | 콜트 리볼버 | 빅토르 마리 위고 | 엘리자베스 테일러 | 마이클 잭슨 | 현대차 '포니'

3월

바미얀 석불 | 영화 '킹콩' | 마르그리트 뒤라스 | 프랭클린 D. 루스벨트 | 훌라후프 | 펄 벅 | 기형도 | 조병화 | 바비 인형 | 알렉산더 그레이엄 벨 | 소설 '프랑켄슈타인' | 바슬라프 니진스키 | 수전 앤서니 | 존 스타인벡 | 율리우스 카이사르 | 사이먼 & 가펑클 | 마르쿠스 아우렐리우스 | 알렉세이 레오노프 | 안토니오 가우디 | 아사하라 쇼코 | 스티븐 스필버그 | 김점선 | 스탕달 | 로베르트 코흐 | 영화 '아마데우스' | 루트비히 반 베토벤 | 영화 '타잔' | 마르크 샤갈 | 진시황릉 | 빈센트 반 고흐 | 에펠 탑

4월

밀란 쿤데라 | 요한 바오로 2세 | 말론 브란도 | 마틴 루터 킹 | 로젠버그 부부 | 소설 '어린 왕자' | 신동엽 | 파블로 피카소 | 남북전쟁 | 폴 매카트니 | 더글러스 맥아더 | 유리 가가린 | 타이거 우즈 | 타이타닉 호 | 장 폴 사르트르 | 가와바타 야스나리 | 이상 | 그레이스 켈리 | 4.19혁명 | 루이 파스퇴르 | 로마 건국 | 아기공룡 둘리 | 행크 애런 | 트로이 함락 | 배트맨 | 최영 | 아웅산 수치 | 아이작 뉴턴 | 윤봉길 | 아돌프 히틀러

5월

데이비드 리빙스턴 | 넬슨 만델라 | 마거릿 대처 | 키스 해링 | 엄홍길 | 지그문트 프로이트 | 플라톤 | 앙리 뒤낭 | 텐징 노르가이 | 쉘 실버스타인 | 살바도르 달리 | 비스마르크 | 윈스턴 처칠 | 이스라엘 건국 | 나일론 스타킹 | 정명훈 | 워터게이트 | 소설 '드라큘라' | 핼리혜성 | 리바이 스트라우스 | 안드레이 사하로프 | 빌 게이츠 | 보니 & 클라이드 | 니콜라우스 코페르니쿠스 | 베이브 루스 | 이사도라 덩컨 | 장 칼뱅 | 팔레스타인해방기구 | 손기정 | 파울 루벤스 | 클린트 이스트우드

6월

헬렌 켈러 | 루 게릭 | 프란츠 카프카 | 조반니 자코모 카사노바 | 오 헨리 | 마릴린 먼로 | 굴리엘모 마르코니 | 조지 오웰 | 이한열 | 알렉산드로스 대왕 | 존 웨인 | 보리스 옐친 | 미란다 원칙 | 체 게바라 | 알베르 카뮈 | 발렌티나 테레시코바 | 자유의 여신상 | 나폴레옹 보나파르트 | 최초의 야구경기 | 영화 '조스' | 니콜로 마키아벨리 | 갈릴레오 갈릴레이 | 가말 압델 나세르 | UFO | 김기수 | 김구 | 체코 '2000어 선언' | 펠레 | 한용운 | 소설 '바람과 함께 사라지다'

365 HISTORY CALENDAR

박상철 글 · 그림

December

12월 31일

징기스칸&히틀러, 그들이 진정 이루려한 꿈은 무엇이었을까

12월 31일, 1995년

최고 칭기즈칸, 최악 히틀러

1995년 12월 31일 미국의 워싱턴포스트 지는 서기 1000년부터 1천여 년 동안 역사상 최고와 최악을 각 분야에서 선정, 발표했다. 인류 역사상 최고의 인물은 칭기즈칸, 최악의 인물은 히틀러. 최고의 여배우는 그레타 가르보, 성악가는 카루소, 최고의 천재는 세익스피어, 작곡은 모차르트의 '피가로의 결혼', 과학자는 아인슈타인, 최대의 실수는 나폴레옹과 히틀러의 러시아 침공 등으로 기록했다.

머리말

'역사는 인물을 낳고, 인물은 역사를 만든다'

세상의 역사를 만들어 온 것은 숱한 영웅들뿐만 아니라 알려지지 않았지만, 더 많은 평범한 인물들이 함께 만들어 온 것이기도 하다. 세상엔 주인공만으로 스토리가 진행될 수는 없는 법이다. 우리들 각자도 모두 나름대로 오늘 이 순간 역사를 창조하고 있는 중인 것이다. 이 지구는 선인이 있으면 악인이 있고, 미인도 평범한 사람도 추한 이도 함께 공존하며 부대끼는 거대한 연극무대와도 같다. 인간의 역사는 지혜로움과 어리석음이 함께 있고 감동적인가 하면 추악함으로 얼룩져 있기도 하다.

이 책의 글과 그림은 한 일간지에서 4년간 연재한 역사 그림칼럼이다. 역사와 인물에 대한 주관적인 시각을 최대한 줄이고 객관적이고 팩트(Fact)에 충실한 글과 그림으로 기록하려 노력했다. 4년 동안 1,000명 가까운 인물들에 대해 쓰고 그렸는데 그 중에 다시 일년에 넣을 그림을 골랐다.

이 책이 역사에 대한 재미와 궁금증을 불러일으키는 안내서가 된다면 더 바랄 것이 없겠다.

박상철

December 12월 30일

윤동주, 한국인이 가장 사랑하는 민족시인

12월 30일, 1917년

시인 윤동주 태어나다

1917년 12월 30일 독립운동가이자
시인인 윤동주가 태어났다.

서시

죽는 날까지 하늘을 우러러
한 점 부끄럼 없기를
잎새에 이는 바람에도
나는 괴로워했다

별을 노래하는 마음으로
모든 죽어가는 것들을 사랑해야지
그리고 나에게 주어진 길을 걸어가야겠다.

오늘 밤에도 별이 바람에 스치운다.

1월
January

2월
February

3월
March

4월
April

5월
May

6월
June

12월 29일

랜스 암스트롱, 암을 극복하고 세계 최고대회 5연패하다

12월 29일, 2003년

사이클 영웅 암스트롱 '올해의 선수' 2연패

인간승리의 표본인 '사이클 황제' 랜스 암스트롱(미국)이 2003년 12월 29일 2년 연속 AP통신 선정 '올해의 남자선수'에 올랐다. 암스트롱은 생존율 50%의 고환암을 불굴의 의지로 극복하고 1999년부터 세계 최고 권위의 사이클 대회인 투르 드 프랑스를 5년 연속 제패한 인간승리의 주인공이다. 그러나 2012년 8월 미국 반도핑기구는 암스트롱이 약물을 복용했다고 결론을 내렸고 그는 모든 수상 실적과 상금을 박탈당하고, 선수와 코치 활동도 금지됐다.

January

월 1일

쿠바, 바티스타 독재정권을 무너뜨리다

1월 1일, 1959년

쿠바혁명 성공

1959년 1월 1일 피델 카스트로가 이끄는 게릴라들이 바티스타정권을 축출하고 쿠바혁명을 성공시킨다. 쿠바혁명은 독재자 바티스타를 타도하기 위해 1953년 7월 26일 카스트로가 이끈 무장청년들이 산티아고의 몬카다 병영을 습격한 데서 시작됐다. 이 습격은 실패했지만 카스트로는 다시 농민을 참여시키는 게릴라전을 전개해 쿠바혁명을 달성했다. 총리가 된 카스트로는 미국자본을 접수하고 토지개혁과 사회개혁을 실시했다.

December

12월 28일

뤼미에르 형제, 프랑스의 형제 발명가이자 영화의 선구자

12월 28일, 1895년

뤼미에르 형제, 세계 최초의 영화 상영

1895년 12월 28일 프랑스 발명가 뤼미에르 형제가 최초의 유료 영화를 대중에게 공개했다. 파리의 한 살롱에서 1프랑의 입장료를 받고 상영한 짧은 다큐영화 10여 편이었는데 관객의 반응은 폭발적이었다. 뤼미에르 형제는 '시네마토그라프'라는 영화 카메라 겸 영사기를 발명한 선구적인 제작가들로, 이후 20년간 무려 400편의 영화를 만들었지만 흥행에는 소질이 없어 나중엔 영화에서 손을 떼고 사진에 전념했다.

시네마토그라프

January

1월 2일

아시모프, SF소설로 미래사회를 보여주다

1월 2일, 1920년

SF작가 아시모프 출생

1920년 1월 2일, 한평생 500권이 넘는 책을 쓴 SF의 거장 아이작 아시모프가 태어났다. 러시아 스몰렌스크 지방의 유대인 방앗간집 아들로 태어난 그는 3세 때 부모를 따라 미국의 뉴욕으로 이주해 과학책에 눈을 떴다. 2차 대전 후 생화학교수가 되었으나 과학소설의 집필에 전념해 로봇을 다룬 SF등 과학의 대중화에 크게 기여했다. '파운데이션' '바이센테니얼 맨' '아이 로봇' 등의 저작으로 '20세기 르네상스인'으로 불린다.

December 12월 27일

찰스 다윈, 21세기에 생물진화론을 최초로 주장하다

12월 27일, 1831년

찰스 다윈, 비글호 항해 출발

1831년 12월 27일 영국 폴리머츠항에서 해군 측량선 비글호가 남미와 태평양의 지질과 해역 탐사를 위해 출항했다. 이 배에 22세의 젊은 박물학자 찰스 다윈이 타고 있었고 갈라파고스 제도 등을 5년 간 탐구하고 수집한 그는 '비글호 항해기'를 집필했다. 다윈은 이때 얻은 경험과 지식으로 연구를 거듭해 엄청난 반향을 불러일으킬 진화론을 확립하고 세기적 저작인 '종의 기원'을 발표했다.

1월 3일

다빈치, 진정한 천재 세상을 날다

1월 3일, 1496년

다빈치 비행에 도전하다

1496년 1월 3일 르네상스 시대의 천재 레오나르도 다빈치가 자신이 고안한 박쥐 모양의 날개를 단 비행기로 비행을 시도했다. 피렌체 근방 체체리 산에서 두 손으로 크랭크를 돌리고, 두 발로 페달을 밟으며 언덕을 뛰어내렸지만 비행기는 힘이 세고 가벼운 동력엔진이 없어 날지 못했다. 다빈치는 천재 화가였지만 해부나 과학실험, 전쟁무기 개발에 더 힘을 쏟은 과학자이기도 했다. 다빈치의 비행 실험은 실패했으나 400년도 더 지난 후 러시아의 이고리 시코르스키는 다빈치의 나선형 날개에서 영감을 얻어 1930년대에 최초의 헬리콥터를 만들었다.

December

12월 26일

마오쩌둥, 중화인민공화국을 세우다

12월 26일, 1893년

공산혁명가 마오쩌둥 출생

1893년 12월 26일 중국 후난성 샹탄 현 사오산 마을의 한 농가에서 중화인민공화국을 수립한 마오쩌둥이 태어났다. 청나라가 멸망하고 볼셰비키 혁명으로 소련이 수립되는 격변기에 엄청난 독서로 중국의 모순을 매서운 눈으로 직시하던 청년 마오쩌둥은 중국공산당 창당의 일원이 되었고 일본의 패망 후 국민당을 몰아내고 마침내 중화인민공화국을 수립했다. 하지만 대약진운동의 실패로 경제가 파탄나고 문화혁명이 유례없는 광기로 치달아 위대한 유토피아의 꿈은 파멸로 끝이 났다.

1월 4일

황석영, 한국문학의 리얼리즘 지평을 넓히다

1월 4일, 1943년

소설가 황석영 출생

1943년 1월 4일, 한국 문단의 대표적인 소설가 황석영이 만주 장춘에서 태어났다. 경복고 자퇴 후 '사상계'에 '입석부근'이 당선돼 등단했다. 베트남전쟁에 참전한 70년대에 '객지''한씨연대기''삼포 가는 길' 등 사회적 리얼리즘 소설들을 발표했고 80년대엔 대하소설 '장길산'을 한국일보에 연재하여 큰 반향을 불러일으켰다. 89년 방북하여 김일성을 만난 일로 국가보안법 위반에 적용돼 5년간 징역을 살고 출감한 후 왕성한 창작 활동을 이어가고 있다.

12월 25일

크리스마스, 전 세계인의 사랑의 축제날이 되다

12월 25일, 336년

크리스마스 축제 시작

예수 그리스도의 탄생을 기념하는 크리스마스 축제가 336년 12월 25일 로마에서 시작됐다. 예수의 탄생 시기는 정확히 알 수 없으며 로마 제국의 동방 지역에서는 원래 1월 6일을 그리스도 탄생 축하일로 지켰으나, 4세기부터 12월 25일로 바꾸어 기념하기 시작했다. 크리스마스이브에 벽난로에 때는 장작과 크리스마스 케이크, 푸른 전나무, 선물과 인사 등이 이 축일을 기념하는 상징이 됐다.

킨제이, 성을 금기의 영역에서 생활 울타리로

1월 5일, 1948년

킨제이 박사 성보고서 발표

'유부남의 35~45%는 아내 몰래 바람을 피웠고, 남성의 90%는 자위행위를 했다.' 1948년 1월 5일, 알프레드 킨제이 박사가 발표한 '인간 남성의 성적 행동'이란 보고서는 엄청난 충격을 불러일으켰다. 혼외정사, 동성애, 매춘 등 이전까지 금기시 됐던 인간 성생활에 대한 내용을 적나라하게 공개했기 때문이었다. 10년 동안 9000명을 인터뷰한 결과를 토대로 작성된 이 보고서는 매스컴의 집중 조명을 받으며 곧바로 베스트셀러의 반열에 올랐다. 원래 하버드 대학에서 동물학을 전공한 킨제이 박사는 남성보고서에 이어 53년엔 '인간 여성의 성적 행동'을 발표해 다시 한 번 센세이셔널한 충격을 불러일으키면서 한 달 만에 27만 권이 팔려나갈 정도로 대성공을 거뒀으나, 록펠러재단은 의회의 압력으로 킨제이 성 연구소에 대한 자금 지원을 중단하고 말았다.

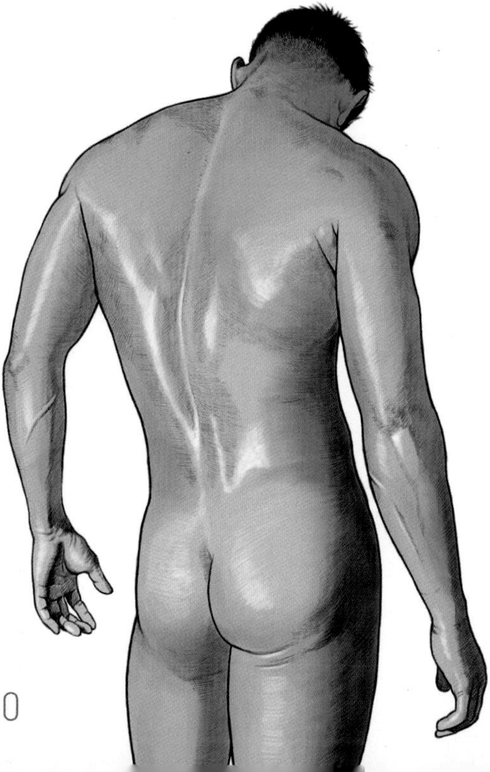

12월 24일

'고요한 밤 거룩한 밤', 오스트리아에서 불린 소박한 캐럴 전 세계에 울리다

12월 24일, 1818년

캐럴 '고요한 밤 거룩한 밤' 탄생

오스트리아 잘츠부르크 부근의 작은 마을 오베른도르프. 1818년 성탄 전야에 이 마을의 성 니콜라스 성당 미사에서 부사제 요제프 모어가 노랫말을 짓고 성당의 오르간 주자 프란츠 그루버가 곡을 붙인 '고요한 밤 거룩한 밤'이 첫 선을 보였다. 이 곡은 성당의 오르간이 고장나 오르간대신 기타 반주에 2명의 솔로와 성가대원의 후렴을 더한 합창곡으로, 하룻밤 사이에 만들어진 노래다. 이듬해 오르간을 고치려 니콜라스 교회를 찾은 오르간 수리공을 통해 오스트리아는 물론 독일로, 미국으로 퍼져간 이 곡은 현재 130개 언어, 193개 버전으로 번역돼 성탄절을 즈음한 지구촌 어디서나 들을 수 있는 '세계인의 캐럴'이 됐다.

January

1월 6일

김광석, 요절가수여서 더 생각나는 영원한 가객

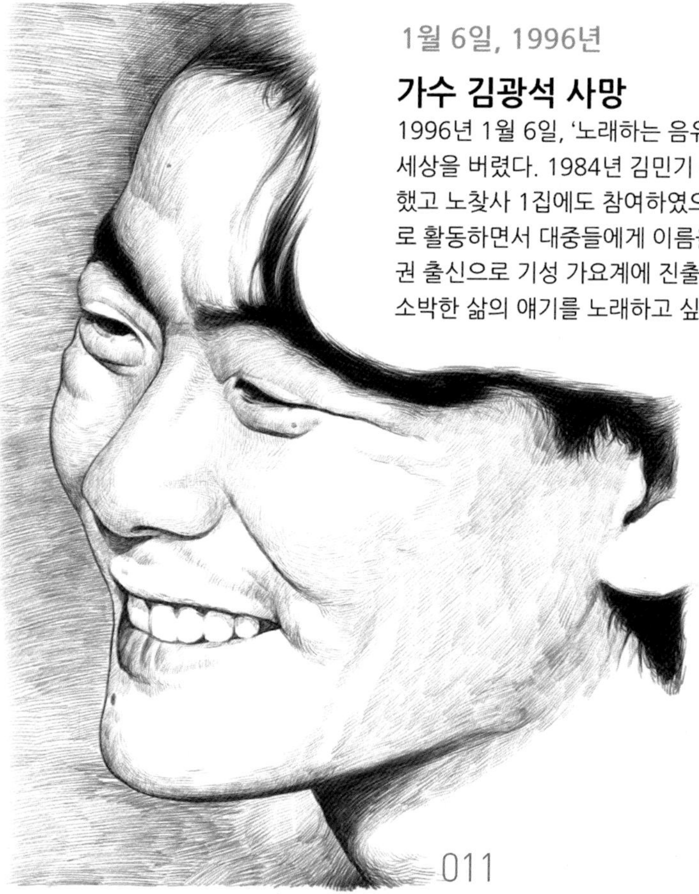

1월 6일, 1996년

가수 김광석 사망

1996년 1월 6일, '노래하는 음유시인' 김광석이 스스로 세상을 버렸다. 1984년 김민기 음반에 참여하면서 데뷔했고 노찾사 1집에도 참여하였으며 이후 동물원의 보컬로 활동하면서 대중들에게 이름을 알렸다. 80년대 운동권 출신으로 기성 가요계에 진출한 그는 평범한 사람들의 소박한 삶의 얘기를 노래하고 싶어했다.

아무것도 가진 것
없는 이에게
시와 노래는
애달픈 양식
아무 것도 뵈지 않는
어둠속에서
조그만 읊조림은
커다란 빛
나의 노래는 나의 힘
나의 노래는 나의 삶

12월 23일

도조 히데키, 진주만 전쟁의 주범, 역사 앞에 단죄되다

12월 23일, 1948년

일본 A급 전범 도조 처형

1948년 12월 23일 일본의 군인이자 정치가인 도조 히데키를 포함한 7명의 A급 전범이 도쿄의 스가모 형무소에서 교수형에 처해졌다. 진주만의 미군 기지를 기습 공격해 태평양 전쟁을 일으켰고 미국, 영국, 프랑스, 네덜란드의 영토를 침략했으며 전쟁포로를 학대·처형했다는 죄목이었다. 패전이 가까워지면서 모든 공직에서 물러났고 종전 뒤에는 자살을 기도했으나 미수에 그친 도조는 A급 전범자로 극동 국제군사재판에 회부돼 64세의 나이에 교수대에서 생을 마쳤다.

1월 7일

이승만, 남한에 단독정부를 수립한 초대 대통령

1월 7일, 1949년

이승만 대통령 ‘대마도는 우리 땅’ 선언

1949년 1월 7일 이승만 대통령은 내외신 기자들과의 회견에서 ‘대마도는 우리 땅’이라고 전격 선언했다. 이대통령은 “대마도는 오래전부터 우리나라에게 조공을 바쳐온 속지나 마찬가지였는데 350년 전 임진왜란을 일으킨 일본이 무력강점한 뒤 일본 영토가 됐고 이때 결사 항전한 의병들의 전적비가 도처에 있다”며 배경을 설명했다. 10여 일 뒤 31명의 우리 의원이 ‘대마도 반환촉구결의안’을 국회에 제출해 일본을 더욱 압박했다.

12월 22일

드레퓌스, 프랑스 지식인들, 저항운동의 단초가 되다

12월 22일, 1894년

드레퓌스 대위 종신형 판정

유태인 프랑스 장교 드레퓌스 대위가 1894년 12월 22일 군사기밀을 독일에게 팔아넘겼다는 혐의로 군사법원으로부터 종신형을 선고받았다. 단지 필적이 비슷하다는 이유에서였는데 진범이 따로 있음이 밝혀졌는데도 불구하고 프랑스 군사법원은 드레퓌스의 유죄를 고집했다. 그러나 문호 에밀 졸라의 '나는 고발한다'는 기고문이 신문에 실리면서 사건의 진실이 드러났고 12년 후인 1906년 7월에 드레퓌스는 마침내 무죄를 선고받아 누명을 벗었다. 집단적 인종편견의 희생양이 될 뻔했던 드레퓌스를 구해낸 프랑스 지식인들의 저항은 지식인의 양심을 대변하는 상징적인 사건으로 남아있다.

1월 8일

박정희, 혁명의 대의를 버리다

1월 8일, 1974년

박정희 대통령 긴급조치 1호 선포

1974년 1월 8일, 야당과 지식인의 '개헌청원 서명 운동'이 30만 명을 넘어서자 박정희 대통령은 긴급조치 1호를 발표하여 모든 헌법개정 논의를 금지시켰다. 그는 이 조치를 발동함으로써 "헌법상의 국민의 자유와 권리를 잠정적으로 정지"할 수 있었는데 총 9차례에 걸쳐 내려진 이 조치를 위반한 자는 비상군법회의로 심판, 처단했다. 전 국회의원 장준하와 백범사상연구소 대표 백기완이 긴급조치 1호 위반 혐의로 징역 15년, 자격 정지 15년이 구형되었다.

파독 광부123명, 한국 산업화의 밑거름이 되다

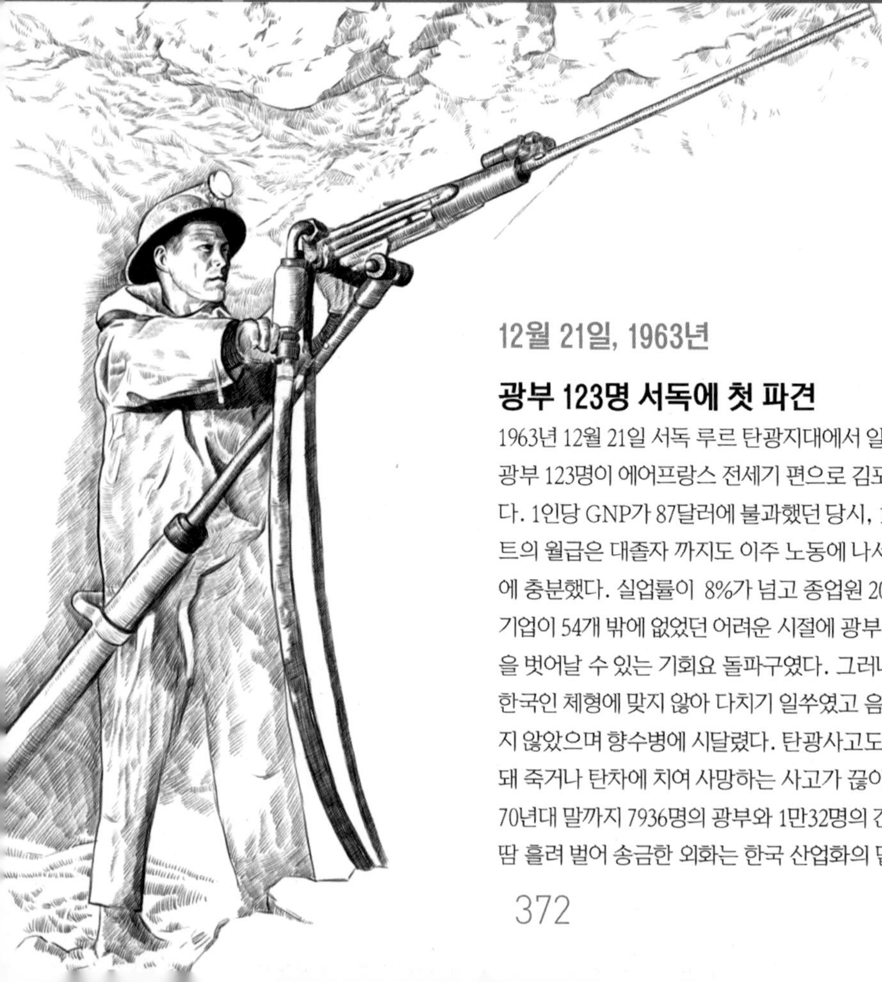

12월 21일, 1963년

광부 123명 서독에 첫 파견

1963년 12월 21일 서독 루르 탄광지대에서 일할 우리나라 광부 123명이 에어프랑스 전세기 편으로 김포공항을 떠났다. 1인당 GNP가 87달러에 불과했던 당시, 162달러 50센트의 월급은 대졸자 까지도 이주 노동에 나서도록 만들기에 충분했다. 실업률이 8%가 넘고 종업원 200명 이상의 기업이 54개 밖에 없었던 어려운 시절에 광부 파견은 가난을 벗어날 수 있는 기회요 돌파구였다. 그러나 채굴장비는 한국인 체형에 맞지 않아 다치기 일쑤였고 음식은 입에 맞지 않았으며 향수병에 시달렸다. 탄광사고도 일어나 매몰돼 죽거나 탄차에 치여 사망하는 사고가 끊이지 않았다. 70년대 말까지 7936명의 광부와 1만32명의 간호사들이 피땀 흘려 벌어 송금한 외화는 한국 산업화의 밑거름이 됐다.

1월 9일, 1908년

프랑스 작가 보부아르 탄생

20세기 중반 프랑스의 실존주의 작가이자 철학자인 시몬느 드 보부아르가 1908년 1월 9일 파리에서 태어났다. 21세로 최연소 철학교수 자격을 얻으면서 사귄 사르트르의 영향으로 실존주의 철학을 익혀 사상과 행동의 기초로 삼아 언행일치의 지성으로 일관했다. 왕성하게 소설과 에세이를 저작했던 그녀는 특히 개성적인 여성론인 '제2의 성'으로 세계적인 반향을 일으켰다. 보부아르는 사르트르와 평생 계약결혼 상태로 각자 복잡한 애정 행각을 벌인 관계로도 유명하다.

December 12월 20일

존 스타인백, 사회주의와 휴머니즘을 작품에 녹여내다

12월 20일, 1968년

美소설가 스타인벡 사망

1968년 12월 20일 미국의 소설가 존 스타인벡이 66세로 작고했다. 62년 노벨문학상 수상 작가인 그는 가정 형편이 어려워 고학으로 진학한 스탠퍼드대를 중퇴하고 막노동으로 생계를 잇다가 문필가가 됐다. 그 탓에 그의 작품은 강렬한 사회의식과 휴머니즘으로 넘친다. 구약 성서의 '출애급기'의 구성을 본 딴 '분노의 포도'는 대자본의 횡포에 착취당하는 농민과 노동자의 분노와 재생의 의지를 그려 40년 퓰리처상을 받았지만 처음 이 소설이 발표됐을 때 배경인 오클라호마를 비롯한 몇 개 주에서 소설은 불태워졌고 금서로 지정됐으며, 스타인벡은 요시찰 대상 작가가 됐다.

January

1월 10일

코코 샤넬, 나치 스파이였던 패션계의 전설

1월 10일, 1971년

'코코 샤넬' 떠나가다

1971년 1월 10일, 프랑스 여성 패션계의 전설 가브리엘 샤넬이 87세의 나이로 사망했다. 12살에 어머니가 죽고 고아원에 맡겨진 샤넬은 18세에 재봉사 보조원으로 바느질을 배우기 시작했다. 가수가 꿈이었던 그녀는 틈틈이 노래를 부르던 카페에서 '코코 샤넬' 이라는 별명을 얻었지만 사람들은 코르셋과 레이스를 없앤 샤넬의 디자인에 더 매혹됐다. 무릎 근처까지 올라간 짧은 치마, 끈을 달아 어깨에 멜 수 있게 한 손가방, 검은 색의 리틀 블랙 드레스, 개발 번호가 이름이 된 향수 '샤넬 넘버5' 등 그녀의 디자인은 하나하나가 모두 혁명이 됐다.

December

12월 [redacted]9일

노무현, 인권변호사에서 대통령에 당선되다

12월 19일, 2002년

노무현, 제16대 대통령에 당선

2002년 12월 19일 실시된 제16대 대통령 선거에서 민주당 노무현 후보가 당선됐다. 노 당선자는 1988년 13대 총선에서 정계에 입문, 최초 TV중계된 청문회에서 전두환 전 대통령을 치밀하고 거침없이 추궁해 '청문회 스타'가 됐다. 그는 김대중 정부 시절 해양수산부 장관을 역임했고 정계 입문 14년 만에 국민경선제에서 '노풍'을 일으키며 대권 후보가 됐으며, 한나라당의 이회창 후보를 57만 표 차로 이기고 대통령에 당선됐다.

January

1월 11일

마호메트, 이슬람교의 창시자

1월 11일, 630년

마호메트, 메카에 무혈입성

아라비아 반도 중부 메카에서 유복자로 태어나 숙부의 손에 자란 가난한 목동 마호메트. 그는 부유한 과부 카디자의 고용살이 도중 그녀의 큰 신임을 얻고 결혼까지 하기에 이르지만 금식과 명상으로 진리를 찾아 나선다. 어느 날 히라 산 동굴에서 사색 중 천사 가브리엘의 계시로 유일신 알라의 사도가 된 마호메트는 이슬람의 가르침을 전파하다 탄압을 피해 622년 신도 72명과 함께 메카를 탈출, 메디나로 떠난다. 이때를 기점으로 이슬람력 헤지라 원년이 시작됐다. 630년 1월 11일, 이슬람 전도를 위해 '한 손에는 칼, 한 손에는 코란' 을 들고 온갖 역경을 헤쳐 온 마호메트가 고향 메카에 돌아왔다. 그는 메카의 카바 신전에 있던 수백의 우상을 때려 부수고 "진리는 왔고 거짓은 멸망하였다." 라고 선언했다.

호두까기 인형, 차이콥스키의 3대 발레곡 중 대표작

12월 18일, 1892년

차이코프스키의 발레 '호두까기 인형' 초연

러시아 작곡가 표트르 일리치 차이코프스키의 발레곡 '호두까기 인형'이 1892년 12월 18일 상트페테르부르크의 마린스키 극장에서 초연됐다. 원작은 독일의 작가 E.T.A.호프만의 동화 '호두까기와 쥐의 임금님'이다. 소녀 클라라가 크리스마스에 호두까기 인형을 선물 받았는데 그 인형이 꿈속에서 쥐의 대군을 퇴치하고 아름다운 왕자로 변해 클라라를 과자의 나라로 안내한다는 환상적인 이야기다. 한국에서는 1948년 서울발레단에 의해 초연됐다.

1월 12일

애거서 크리스티, 추리소설을 문학의 영역으로 들여오다

1월 12일, 1976년

추리 소설의 여왕 크리스티 사망

회색 뇌세포의 벨기에인 탐정 에르큘 포와로와 노처녀 해결사 미스 마플은 한번이라도 읽어 본 사람이라면 좀처럼 잊혀지지 않는 사랑스러운 캐릭터다. 1976년 1월 12일, 영국의 추리 소설 작가 애거서 크리스티가 85세의 나이로 사망했다. 크리스티는 1920년 첫 추리 소설인 '스타일즈 저택의 괴사건'을 발표한 이후 80여 편의 작품으로 대중적인 사랑을 받았다. 그녀의 작품은 지금까지 전 세계적으로 약 20억 부 이상 팔려 기네스 세계 기록에 등재됐는데 이 기록은 셰익스피어와 견줄 정도다. 또한 그녀의 희곡 '쥐덫'은 1955년 런던에서 초연된 이래 현재까지 끊임없이 계속 공연되고 있다. 기차 안의 승객 모두가 범인인 '오리엔트 특급 살인'이나 소설의 화자가 바로 살인자인 '애크로이드 살인 사건' 등 크리스티의 추리 소설은 상상을 뛰어넘는 재미를 선사한다. 그녀는 1971년 영국의 기사 작위를 받아 '데임' 칭호를 얻었다.

라이트 형제, 인류 최초로 날아오르다

12월 17일, 1903년

라이트 형제, 인류 최초 비행 성공

1903년 12월 17일 자전거포를 운영하던 미국인 라이트 형제가 제작한 비행기가 인류 최초의 비행에 성공했다. 최초의 비행기 이름은 플라이어 1호. 12초 동안 36m를 날아오른 건 형 윌버가 아니라 동생인 오빌 라이트였다. 2년 뒤 플라이어 3호는 4기통 13마력의 가솔린 엔진을 달고 38분 동안 45km 비행에 성공했다. 그제야 인류는 밀랍으로 붙인 새 깃털에 대한 이카루스적인 미련을 떨쳐버릴 수 있었다.

1월 13일

에밀 졸라, 노동자 출신의 작가, 프랑스의 양심이 되다

1월13일, 1898년

졸라 '나는 고발한다!' 발표

소설 '목로주점' '나나' '제르미날' 등을 쓴 프랑스 자연주의 문학의 인기작가 에밀 졸라가 1898년 1월 13일, 파리의 일간지 로로르(여명) 1면에 '나는 고발한다!'는 제목의 기고문을 발표했다. 간첩 혐의로 종신형을 선고받은 유대인 포병대위 알프레드 드레퓌스의 무죄를 주장하고, 이미 진범이 잡혔음에도 드레퓌스를 유죄로 몰기위해 문서까지 날조한 프랑스 군지도부의 비열한 음모를 폭로한 것이다. 그러나 졸라는 이 때문에 징역1년형에 벌금 3천 프랑을 선고받고 망명길에 나서야 했고 드레퓌스는 8년 후에야 무죄 판결을 받고 명예를 회복했다.

December

12월 16일

트루먼, 반공주의로 국가비상사태를 선언하다

12월 16일, 1950년

트루먼, 국가비상사태 선언

1950년 12월 16일 미국의 해리 트루먼 대통령이 모든 국민들에게 공산주의와 맞설 것을 촉구하는 국가비상사태를 선언했다. 그 배경은 한국에서 6·26전쟁 발발 후 4달 만에 UN군의 승리가 임박했으나 중국군의 개입으로 평양을 빼앗기고 38선 이남으로 후퇴한 맥아더군의 패배 때문이었다. 트루먼은 무기생산에 박차를 가하고 자동차 회사들의 가격인상 조치를 취소시켰으며 철도노조도 이에 부응해 파업 노동자들을 직장에 복귀시켰다.

January

1월 14일

험프리 보가트,
로맨틱한 매력과 고독한 감성의 명배우

1월 14일, 1957년

터프가이 험프리 보가트 사망

모든 시대를 통틀어 가장 위대한 배우로 지목된 터프가이 험프리 보가트가 1957년 1월 14일, 식도암으로 사망했다. 비정한 탐정 샘 스페이드로 사립 탐정의 전형을 완성했다는 평을 들은 '말타의 매', 주정뱅이 선장으로 나와 여배우 캐서린 햅번과 완벽에 가까운 연기 조화를 이루어 호평을 받은 '아프리카의 여왕', 잉그리드 버그만과 최고의 연기 앙상블을 만들어 낸 '카사블랑카'등 터프하면서도 로맨틱한 매력의 그는 고독한 영웅이자 센티멘털리스트로 각인되어 남았다. 1952년 '아프리카의 여왕'으로 아카데미 남우주연상을 수상했다.

December

12월 15일

월트 디즈니,
미키마우스의 아버지, 만화영화의 선구자

12월 15일, 1966년

월트 디즈니 사망

1966년 12월 15일 미국의 만화영화제작자였던 월트 디즈니가 65세의 나이로 사망했다. 1928년 최초의 음성만화인 '증기선 윌리'에 미키마우스를 등장시켜 큰 성공을 거둔 후 모두 600여편의 영화를 제작하여 오스카상 31개 수상이라는 전대미문의 기록을 세우며 노벨평화상 후보에 오르기도 했다. 그는 대중문화 역사상 가장 중요한 인물 중 하나로 꼽히지만 한편으로 문화제국주의자라는 이미지 또한 붙어다닌다.

1월 15일

로자 룩셈부르크, 암살당함으로 사회주의에 대한 열정이 꺾이다

1월 15일, 1919년

로자 룩셈부르크 피살

1919년 1월 15일, '마르크스 이후 가장 뛰어난 지식인 혁명가'이자 '불꽃 여인'으로 불렸던 로자 룩셈부르크가 독일 군부의 사주를 받은 갱단에 의해 살해됐다. 그녀는 국제공산주의 단체에서 유일하게 레닌에 대적할 수 있는 이론가로 20세기 초 유럽에서 가장 영향력 있는 정치 지도자 중 한 사람으로 꼽힌다. 로자의 사상은 현실 속에선 꽃을 피우지 못했지만 프롤레타리아 독재나 수정주의에 불만을 느끼는 지식인들의 지지를 받았다.

막스 플랑크, 고전 물리학에 마침표를 찍다

12월 14일, 1900년

막스 플랑크, 양자론 발표

1900년 12월 14일 독일의 물리학자 막스 플랑크가 베를린의 한 물리학 학회에서 전자기파가 연속된 파동이라는 기존 학설을 뒤엎고 '전자기파 에너지는 서로 구별되는 불연속적 덩어리인 양자들의 집합체'라는 새로운 이론을 발표했다. 이 양자론은 고전물리학에 종언을 고하고 20세기 현대물리학의 새 지평을 연 혁명적인 이론으로 플랑크는 이 공로로 1918년 노벨물리학상을 받았다. 그러나 그는 나중에 자신이 핵심적인 기여를 한 양자역학에 의구심을 품고 부정하는 태도를 보였다.

1월 16일

January

옥타비아누스, 팍스 로마나 시대를 열다

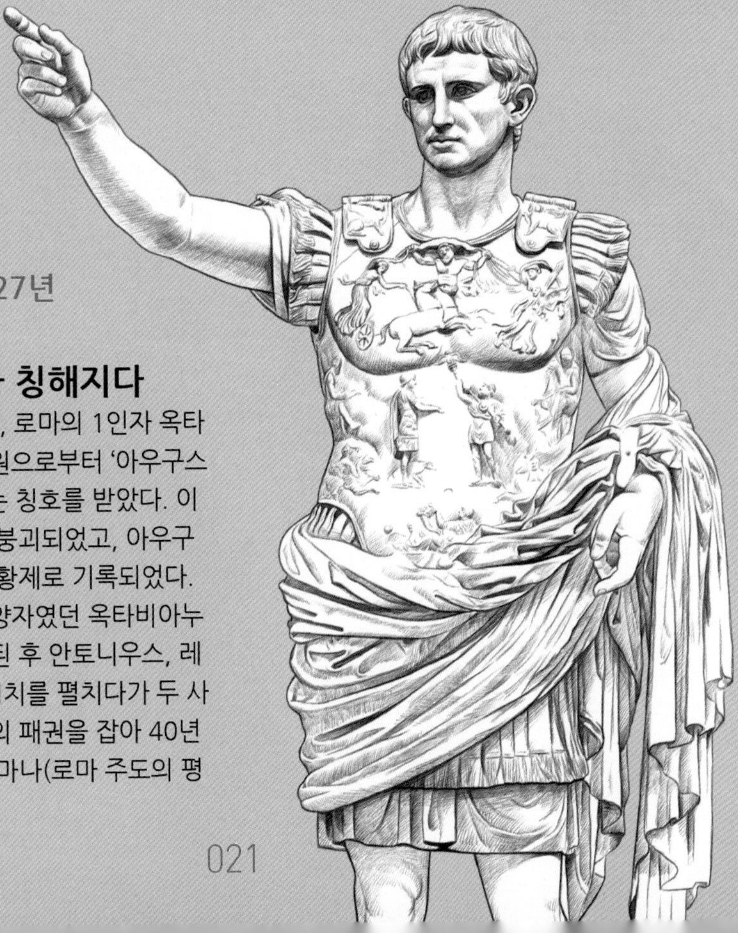

1월 16일, 기원전 27년

옥타비아누스가 '아우구스투스'라 칭해지다

기원전 27년 1월 16일, 로마의 1인자 옥타비아누스가 로마 원로원으로부터 '아우구스투스' 즉 '존귀한 자'라는 칭호를 받았다. 이로써 로마는 공화정이 붕괴되었고, 아우구스투스는 로마의 초대 황제로 기록되었다. 율리우스 카이사르의 양자였던 옥타비아누스는 카이사르가 암살된 후 안토니우스, 레피두스와 제2차 삼두정치를 펼치다가 두 사람을 굴복시키고 로마의 패권을 잡아 40년을 통치하면서 팍스 로마나(로마 주도의 평화시대)를 열어나갔다.

사담 후세인, 이라크 독재자의 말로, 처형되다

12월 13일, 2003년

이라크 독재자 사담 생포

2003년 12월 13일 이라크 티그리트 인근의 한 농가 지하땅굴에서 8개월 동안 도피생활을 해오던 사담 후세인 전 이라크 대통령이 미군에 체포됐다. 체포 당시 얼굴에 덥수룩한 수염을 기른 상태의 사담은 1979년 대통령이 된 이후 24년간 이라크를 좌지우지한 독재자였다. 그의 이름 '사담'은 아랍어로 '맞서는 자'라는 뜻으로 최후까지 미국의 중동정책을 비판하여 굴복하지 않았고 2006년12월 30일 바그다드에서 사형에 처해졌다. 하지만 미국이 전쟁의 명분으로 주장한 이라크의 대량살상무기는 존재하지 않았다.

January

1월 17일

벤저민 프랭클린, 미국 헌법과 독립선언서의 아버지이자 과학자

1월 17일, 1706년

벤저민 프랭클린 태어남

'오늘 할 일을 내일로 미루지 말라' '하늘은 스스로 돕는 자를 돕는다' 우리에게도 익숙한 이 경구를 지어 낸 벤저민 프랭클린이 1706년 1월 17일 태어났다. 그는 미국 '건국의 아버지 중 한명으로서 특별한 공식적 지위에 오르지는 않았지만 미국 독립에 중추적인 역할을 했다. 그는 독립선언서 작성에 참여했으며, 미국독립전쟁 때 프랑스로부터 경제적 군사적 원조를 얻어냈고 영국과 협상하는 자리에서 미국 대표로 참석해 13개 식민지를 하나의 주권 국가로 승인하는 조약을 맺었으며, 2세기 동안 미국의 기본법이 된 미국헌법의 뼈대를 만들었다. 또 특이하게도 피뢰침, 다초점 렌즈를 발명하는 등 과학자로서, 미국인 일상생활의 편리와 안전에도 이바지한 천재였다. 달러화 인물 중 대통령이 아닌 인물은 알렉산더 해밀턴(10달러)과, 벤저민 프랭클린(100달러) 두 명뿐이다. 리처드 손더스라는 필명으로 금언집 '가난한 리처드의 연감'을 펴내 상식적이며 재치 있는 경구들로도 유명하다.

December

12월 12일

전두환, 한국 민주주의 시계를 거꾸로 돌린 반역자

12월 12일, 1979년

12·12사태 발발

1979년 12월 12일 10·26사건으로 박정희 대통령의 유신독재가 끝나고 민주화의 희망이 싹튼 순간, 보안사령관 전두환이 주동이 된 신군부 세력이 쿠데타를 일으켰다. 군내 사조직인 하나회를 중심으로 한 전두환·노태우 등 신군부 세력은 최규하 대통령의 승인 없이 육군참모총장 정승화를 강제로 연행하고 비상계엄을 전국으로 확대하여 국가권력을 탈취했다. 이어 광주민주화운동을 유혈 진압한 그들은 거침없이 제5공화국 수립의 단계를 밟아나갔다.

January

1월 18일

스콧, 불굴의 용기와 탐험가 정신을 남기다

1월 18일, 1912년

비운의 탐험가 스콧 남극점 도달

1912년 1월 18일, 영국 남극탐험대의 스콧 대장과 4명의 대원들이 케이프 에반스를 출발한 지 81일 만에 남극점에 도달했다. 그러나 그곳엔 이미 34일 전에 다녀간 아문젠의 노르웨이 국기가 휘날리고 있었고 첫 정복의 목표는 깨졌다. 그와 4명의 동료는 귀로에 악천후로 조난, 식량 부족과 동상으로 전원 비운의 최후를 맞았다. 그러나 스콧은 마지막까지 용기를 잃지 않고 영국 신사다운 최후를 맞은 것이 알려져 국민적 영웅이 됐다.

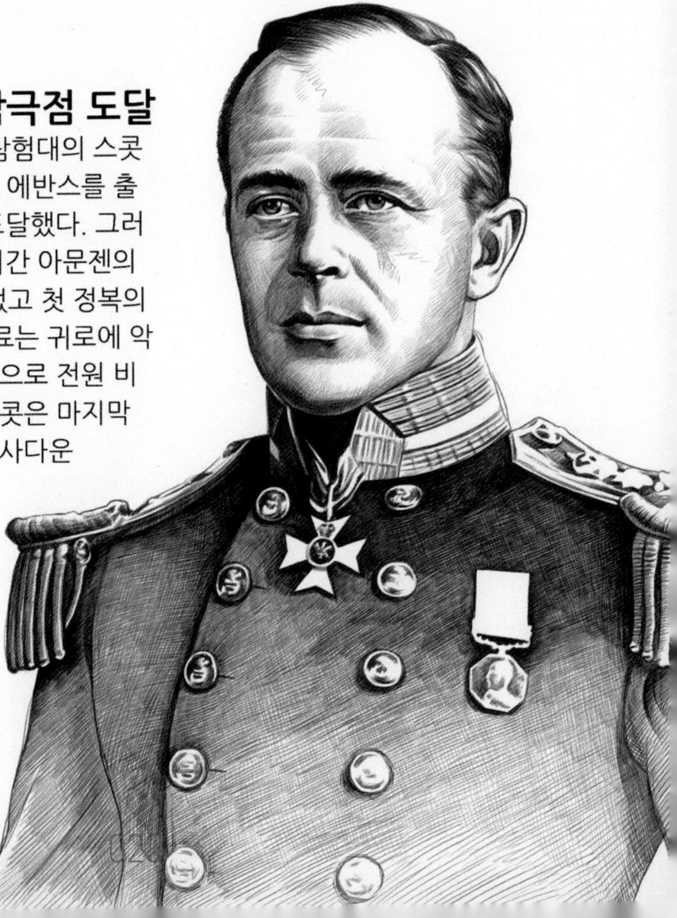

12월 11일

손정의, 제일교포 3세로 소프트뱅크 그룹 회장이 되다

12월 11일, 2000년

손정의, 포브스지 선정 '올해의 기업인'

2000년 12월 11일 한국계 일본인 손정의 소프트뱅크 사장이 미국 포브스지가 선정하는 '올해의 기업인'에 뽑혔다. 포브스는 그를 선정한 이유로 "일본의 불황에도 불구하고 손 사장은 회사를 크게 키웠고 야후의 대주주가 되는 등 벤처기업에 적극적으로 투자했다"고 밝혔다. 2011년 같은 잡지에서 조사한 '세계 억만장자' 순위에 따르면 2010년 말 그는 총자산 81억 달러로 일본 최대 부호의 자리에 올랐다.

January

1월 19일

스티브 잡스, 애플 제국의 서막을 열다

1월 19일, 1983년

최초 GUI컴퓨터 애플리사 등장

1983년 1월 19일, 미국 애플컴퓨터의 스티브 잡스는 제록스사의 GUI기반 컴퓨터 Alto의 기술을 차용한 개인용 컴퓨터 애플리사를 소개하였다. 그러나 대당 1,995달러의 높은 가격과 제한된 소프트웨어 때문에 상업적으로 실패했고 스티브 잡스는 경영 내분으로 밀려났다. 하지만 그는 먼 훗날 아이팟과 아이폰이라는 혁신적 기기로 화려하게 부활해 MS사의 빌 게이츠와 이름을 나란히 올려놓게 된다.

12월 10일, 1936년

사랑을 쫓아 왕위를 포기한 윈저공

1936년 12월 10일 영국의 에드워드 8세가 재위 10개월 만에 왕위를 포기한다. 미국 출신의 디자이너인 심프슨 여사와 결혼하기 위해서였다. 영국 왕실은 이혼 경력이 있는 유부녀와 사랑에 빠진 총각국왕을 용서하지 않았고 국왕은 윈저공으로 신분이 격하된 채 조국을 등지고 프랑스에서 살았다. 두 사람의 일화는 '세기의 사랑'으로 전해져 인구에 회자되었다.

1월 20일

오드리 헵번, '현대판 요정'으로 사랑받다

1월 20일, 1993년

로마의 요정 떠나가다

1993년 1월 20일, 맑고 청순한 모습으로 전세계 영화팬들의 사랑을 받았던 여배우 오드리 헵번이 스위스 로잔의 자택에서 사망했다. 향년 63세, 사인은 직장암. 그녀는 1953년 윌리엄 와일러 감독의 영화 '로마의 휴일'에서 공주로 출연하면서 일약 세계적 스타가 되었다. 이후 '사브리나' '티파니에서 아침을' '마이 페어 레이디'등 출연한 영화마다 대성공을 거둔 그녀는 은퇴 후 유니세프 친선대사가 되어 정열적이고 헌신적인 구호 활동으로 수많은 생명을 살린 천사같은 요정이었다.

December

12월 9일

레흐 바웬사, 전기공에서 대통령이 되다

12월 9일, 1990년

노동자, 대통령에 당선

1990년 12월 9일 폴란드 자유노조 지도자 레흐 바웬사가 대통령선거에 출마해 당선됐다. 바웬사는 1980년 8월 식료품값 인상으로 시작된 파업 당시에 파면된 그다니스크 레닌조선소에 들어가 그곳의 노동조합을 이끌고 대정부 투쟁에 나서 승리를 쟁취했다. 그 결과로 공산당의 통제를 받지않는 자유노조가 탄생된 것이다. 또 1983년엔 노동자 최초로 노벨평화상을 수상하기도 했다.

1월 21일

루이 16세, 유일하게 처형당한 비운의 왕

1월21일, 1793년

프랑스 국왕 루이16세 처형

1793년 1월 21일 프랑스의 국왕 루이16세가 39세의 나이로 파리의 혁명광장에서 단두대의 이슬로 사라졌다. 할아버지 루이15세의 뒤를 이어 왕위에 올랐던 루이16세는 선량하고 성실했지만 내성적이고 결단력이 부족했으며 루이14세 때부터 시작된 경제위기와 재정문제들을 해결할 능력도 부족했다. 1789년 프랑스혁명의 발발 후 목숨의 위협을 느낀 나머지 국외탈출을 시도하다 발각되어 파리로 압송되고, 이로 인해 배신자의 낙인이 찍힌 그는 국왕으로서의 권위와 신뢰를 모두 잃고 만다. 왕비 마리 앙투아네트도 그가 처형된 지 9개월 후 역시 단두대에 올랐다.

12월 8일

존 레논, 비틀즈의 신화, 광팬에 쓰러지다

12월 8일, 1980년

존 레논 피살

1980년 12월 8일 비틀즈 창립멤버로 세계적인 명성을 얻은 존 레논이 뉴욕 맨해튼 자신의 집 앞에서 한 정신이상자가 쏜 총에 맞아 사망했다. 1940년 영국에서 태어난 레논은 폴 매카트니와 더불어 "로큰롤 역사상 가장 인기있는 음악을 썼다"고 평가된다. 그룹 해체 후 부인 오노 요코와 함께 반전·인권 운동에 전념하여 미국 정부의 블랙리스트에 오르기도 했다.

앙코르와트, 캄보디아를 세계에 알리다

1월 22일, 1861년

앙코르와트 발견

1861년 1월 22일, 프랑스의 탐험가 앙리 무오가 500년이 넘게 정글에 버려져 있던 캄보디아 유적지 앙코르와트를 발견하였다. 앙코르와트는 12세기 초 옛 캄보디아 크메르 제국의 수준 높은 건축기술로 만들어진, 세계에서 가장 크고 아름다운 종교 건축물이다. 약 30년에 걸쳐 축조된 이 사원은 힌두교의 3대 신 중 하나인 비슈누 신에게 봉헌되었다.

December

12월 7일

노엄 촘스키, 현대 언어학의 아버지로 불리다

12월 7일, 1928년

미국 언어학자 촘스키 출생

50여 년 간 MIT 언어학 교수로 재직하고 있고, 현재 미국에서 '가장 중요한 지식인'으로 여겨지고 있는 노엄 촘스키가 1928년 12월 7일 태어났다. 그는 언어학에서 변형생성문법 이론을 만들어 이전의 구조주의 언어학을 몰아내 20세기 가장 중요한 공헌을 한 언어학자로 존경받고 있다. 그는 또 무정부주의에 가까운 급진적 정치철학으로 미국의 대외정책과 신자유주의를 비판하여 죽음의 위협을 받고 있는 실천적 지식인으로 꼽힌다.

January

1월 23일

마네, 인상파 화풍의 기수가 되다

1월 23일, 1832년

프랑스 화가 마네 출생

1832년 1월 23일 프랑스 인상파 화가들의 리더 에두아르 마네가 파리에서 태어났다. 그는 구태의연한 아카데미식 기존 회화를 거부하고 당대의 인물과 거칠고 빠른 붓질로 혁신적인 화풍을 선보였다. 기존 화단인 살롱에 충격을 준 '풀밭 위의 점심'은 모네, 르누아르, 시슬레, 바지유 등 인상파 청년화가들의 열광적 환영을 받았다. 그는 결국 성공하여 최고 훈장 레종도뇌르를 받았고 대중과 평단의 분노와 경멸을 샀던 '올랭피아'는 마네가 죽은 지 24년 만에 루브르에 걸렸다.

석굴암, 한국 최초로 세계문화유산에 등재되다

12월 6일, 1995년

석굴암, 종묘 등 세계문화유산 등록

석굴암과 불국사, 해인사와 팔만대장경판전, 종묘 등 3점의 한국 문화재가 1995년 12월 6일 독일 베를린에서 열린 유네스코 세계유산위원회 제19차 총회에서 세계문화유산으로 정식 등록됐다. 한국의 문화유산이 유네스코 세계문화유산으로 지정된 것은 75년 이 제도가 발효된 이래 처음으로, 유네스코로부터 유산 보존에 필요한 기술·재정적 지원을 받을 수 있게 됐다. 이후 추가로 지정된 문화유산으로 창덕궁, 수원 화성, 경주 역사유적지구, 고인돌 유적, 조선왕릉 40기, 안동하회마을, 경주양동마을 등이 있다.

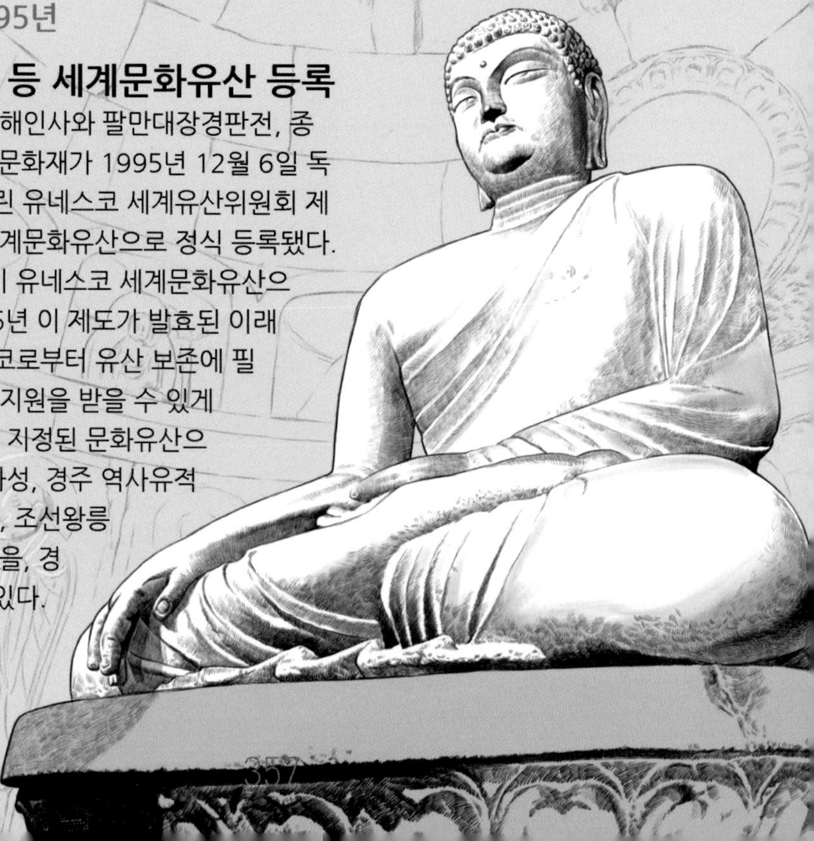

January

1월 24일

처칠, 노쇠한 영국을 구한 정치가

1월 24일, 1965년

정치가 처칠 사망

1965년 1월 24일 영국이 낳은 세계적인 정치가 윈스턴 처칠이 90세를 일기로 사망했다. 육군사관학교를 졸업한 후 육군 장교와 종군기자를 지낸 처칠은 26세에 의회에 진출했고 1차 세계대전 때 해군장관으로 참전했다. 그리고 2차 세계대전 중 영국총리로 취임해 연합군이 승리하는 데 탁월한 지도력을 발휘했다. 신임총리로서 의회에서 "내가 바칠 수 있는 것은 피와 노력, 눈물, 땀뿐이다"라고 연설했던 그는 저술가로 명성을 얻어 노벨문학상을 수상하기도 했다.

리영희 교수, 전환시대의 논리로 지성을 깨우다

12월 5일, 2010년

'전환시대의 논리' 저자 리영희 교수 별세

2010년 12월 5일 한국의 민주화를 위해 저항하는 지식인이었던 리영희 전 한양대 교수가 간경화로 별세했다. 향년 81세. 평안북도 삭주출신의 그는 한국해양대 졸업 후 영어교사로 일하다가 6.25전쟁 때 통역장교로 7년 간 복무했다. 전역 후 기자 생활을 거쳐 한양대 교수로 재직 중 사회비평서 '전환시대의 논리'로 큰 반향을 불러일으킨 그는 박정희와 전두환의 군부 독재를 비판하여 해직과 복직, 구속과 석방을 되풀이하며 진보세력의 실천적 지성으로 큰 존경을 받았다.

1월 25일

서머싯 몸, 문학을 통해 인간이 불가해한 존재임을 보여주다

1월 25일, 1874년

영국 작가 서머싯 몸 출생

고갱을 모델로 한 소설 '달과 6펜스'의 작가 서머싯 몸이 1874년 1월 25일 태어났다. 서머싯(Somerset)은 영국의 지명인데 '공중제비'란 뜻이기도 하다. 파리 대사관의 변호사 아들로 비교적 유복하게 자랐지만, 8세와 10세에 양친을 잃은 몸은 청소년기에 영국, 프랑스, 독일에서 방황하다 공부했던 의학을 접고 문필가의 길에 들어섰다. 희곡과 소설에서 대중성과 작품성을 인정받은 그는 50代 이후 프랑스에 정착해 다양한 장르에서 많은 저작을 남겼고, 91세에 니스에서 생을 마감했다. 대표 작품으로 '인간의 굴레에서' '달과 6펜스' '면도날'등이 있다.

12월 4일

ET, 헐리우드의 흥행의 역사를 쓰다

12월 4일, 1982년

영화 'ET' 개봉

1982년 12월 4일 미국 영화계의 귀재 스티븐 스필버그가 감독한 영화 'ET'가 개봉됐다. ET는 Extra Terrestrial의 약칭으로 외계인 이라는 뜻. 지구를 침략하는 불량한 이미지의 외계인과 달리 지구 어린이와 사랑스러운 우정의 교감을 갖는 내용의 ET는 개봉 3개월 만에 2억9000만 달러를 벌어들이며 '스타워즈'의 기록을 깨고 흥행사를 다시 썼다.

January

1월 26일

한성전기회사설립,
조선에 문명의 빛 전깃불이 켜지다

1월 26일, 1898년

한성전기회사 설립

1898년 1월 26일, 한국전력공사의 전신인 한성전기회사가 설립됐다. 전기사업에 깊은 관심이 있던 고종은 열강의 간섭을 피하기 위해 극비리에 미국인 콜브란에 위탁하여 사업 신청과 허가가 이루어지도록 조치하고 서울 시내의 전등, 전화, 전차 사업의 시설 및 운영권을 허가했다. 자본금은 일화 30만 엔 규모. 특히 전차는 고종이 명성황후의 무덤인 홍릉에 행차할 때 소요되는 막대한 경비를 줄이기 위해 간절히 원했다고 전해진다. 노선은 '서대문~종로~동대문~청량리'에 이르는 단선궤도로 1899년 5월에 개통됐다. 전차는 곧 백성들의 큰 사랑을 받 아 한번 타면 내리지 않는 승객도 있었고 시골에서 구경하러 오기도 했지만 한성전기회사는 1909년 일제의 손아귀에 완전히 넘어가게 된다.

12월 3일

르누아르,
프랑스의 인상파 화가, 담백한 색조를 표현하다

12월 3일, 1919년

인상파 화가 르누아르 사망

1919년 12월 3일 만성 류머티즘으로 오그라든 손에 붓을 끈으로 묶어 그림을 그리던 노화가 오귀스트 르누아르가 78세로 눈을 감았다. 가난하고 불우했던 젊은 시절, 고생하면서 돈과 명성에 유달리 집착했던 그는 밝고 화사한 여인들을 인상주의 화풍으로 구현했는데 결국 그의 바람대로 대중들의 사랑을 받아 큰 성공을 거머쥐었다. 대표작으로 '선상의 점심식사' '물랭 드 갈레트의 무도회' '목욕하는 여인들' 등이 있다.

1월 27일

모차르트, 천재 음악성을 드러내다

1월 27일, 1756년

모차르트 태어나다

1756년 1월 27일 오스트리아의 천재 작곡가 볼프강 아마데우스 모차르트가 잘츠부르크에서 태어났다. 아마데우스는 '신의 은총'이란 뜻으로, 이름 그대로 다섯 살이 채 되기 전에 미뉴에트와 트리오를 저녁 무렵 30분 만에 다 익혀버린 신동이었다. 모차르트의 아버지는 그의 뛰어난 재능을 각지의 궁정에 알리고자 6세 때부터 연주 여행을 시작했다. 그 여행 중 빈의 여황제 마리아 테레지아 앞에서 연주하기도 했는데 나중에 프랑스 루이16세의 왕비가 되는 꼬마 공주 마리 앙투아네트에게 청혼했다는 일화가 전해진다. 그러나 천재의 수명이 짧음을 우려한 아버지의 걱정대로 모차르트는 불과 35년 밖에 살지 못했다. 사인은 류머티즘 고열인데 살리에르의 독살설도 꾸준히 제기되고 있다.

베이징원인, 화석 발견으로 최초 인류를 증명하다

12월 2일, 1929년

베이징원인 두개골 발견

1929년 12월 2일 중국 베이징 외곽의 저우커우뎬에서 중국의 고인류학자 페이원중이 완전한 형태를 갖추고 있는 머리뼈 화석을 발굴했다. 이로써 인류 진화 과정에서 최초로 원숭이보다 인간에 더 가까워진 단계인 호모에렉투스의 일종인 베이징원인의 완전한 모습을 복원할 수 있게 됐다. 또한 베이징원인의 거주지로 추정되는 곳에서 석기와 골각기, 불에 태운 뼈와 재가 발견되어 그들이 도구와 불을 사용했음도 밝혀냈다. 이 화석들은 그때까지 최초의 인류라고 믿어왔던 네안데르탈인 보다 적어도 40만 년 이상 오래된 인류임을 증명해 주었다.

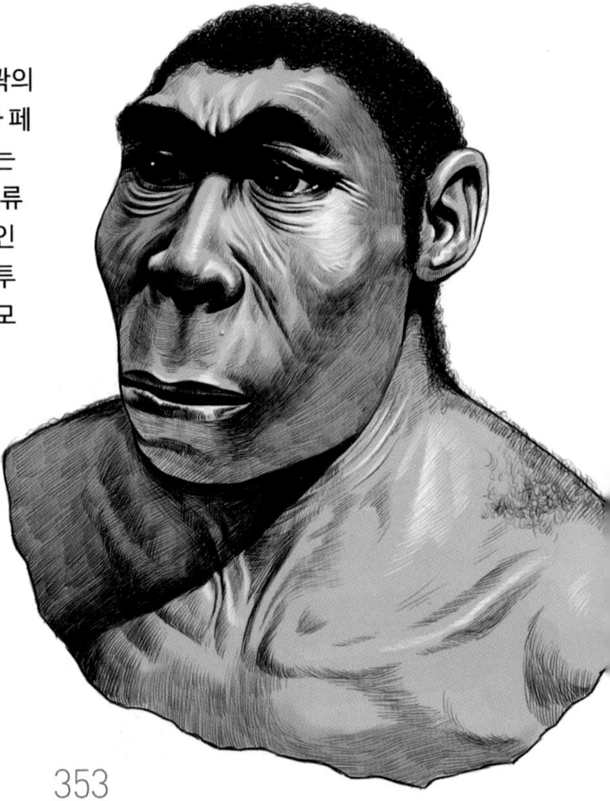

1월 28일

챌린저호, 우주개발 역사의 큰 상처가 되다

1월 28일, 1986년

스페이스 셔틀 챌린저호 폭발

1986년 1월 28일, 7명의 승무원을 태운 스페이스 셔틀 챌린저호가 발사된 후 73초 만에 공중에서 폭발하여 승무원 전원이 사망했다. 발사 장면이 텔레비전으로 전 세계에 방송되고 있어서 수백 만 명이 폭발 장면을 보고 큰 충격을 받았다. 이 사고로 미국의 스페이스 셔틀 발사계획이 막대한 차질을 빚었고 사고 후 2년 9개월이 지나서야 비행이 재개됐다.

December

12월 1일

베나지르 부토, 이슬람 최초 여성 총리가 되다

Benazir Bhutto (1953~2007)

12월 1일, 1988년

이슬람 최초 여성 총리 탄생

1988년 12월 1일 베나지르 부토가 파키스탄의 총리에 임명돼 이슬람 국가 최초의 여성 지도자가 탄생했다. 그녀는 개혁파였던 아버지 줄피카르 알리 부토 총리가 쿠데타로 인해 축출, 사형되자 영국으로 망명한 상태에서 아버지의 정당인 파키스탄 인민당의 당수가 되었고 마침내 1988년 선거의 승리로 총리에 당선됐다. 〈피플〉지의 '세계에서 가장 아름다운 50인'에 선정되기도 한 그녀는 2번이나 총리에 올랐으나 비리와 부패 혐의로 해임되었는데 2007년 12월 총선을 앞두고 폭탄테러에 의해 살해되었다.

1월 29일

벤츠, 자동차의 로망이 되다

1월 29일, 1886년

벤츠, 가솔린 자동차 특허

1886년 1월 29일, 독일의 자동차 기술자 칼 벤츠가 세계 최초 가솔린 자동차의 발명 특허를 신청했다. 최대 출력 0.75마력, 최고 속도 시속 15km, 1기통 엔진의 배기량은 954cc인 벤츠 페이턴트 모토바겐으로 증기가 아닌 가솔린 기관을 장착한 세계 최초의 자동차로 인정받는다. 벤츠의 아내 베르타 벤츠는 이 차에 세 자녀를 태운 채 단독으로 180km를 넘는 거리를 운전한 최초의 여성 운전자가 되었다. 현재 독일박물관에 전시되어 있는 모토바겐은 100년이 넘은 지금도 주행이 가능한 상태라 한다.

7월
July

8월
August

9월
September

10월
October

11월
November

12월
December

로미오와 줄리엣, 젊은 청춘들의 사랑의 초상이 되다

1월 30일, 1595년

로미오와 줄리엣 초연

젊은 두 남녀의 열정적인 사랑이 반목·질시하는 두 집안 때문에 이루어지지 못하는 이야기 '로미오와 줄리엣'이 1595년 1월 30일 초연됐다. 두 연인의 죽음으로 절정의 대단원을 맞이하지만 해묵은 원수지간인 몬터규와 캐풀렛가의 갈등을 치유하는 희망을 이끌어내며 극은 끝난다. 윌리엄 셰익스피어의 초기 작품의 절정으로 여겨지는 이 작품은 세계문학에서 가장 유명한 러브스토리인데, 전해 내려오는 이야기를 정리·가공한 청년극작가 셰익스피어에게 단번에 큰 명성을 안겨주었다.

11월 30일

마크 트웨인, 문학으로 제국주의를 풍자하다

11월 30일, 1835년

소설가 마크 트웨인 출생

1835년 11월 30일 미국의 소설가이자 사회 풍자가인 마크 트웨인이 미주리주에서 가난한 개척민의 아들로 태어났다. 20대 초에 미시시피강의 수로 안내인으로 일한 경험이 훗날 작가 생활에 큰 영향을 주었는데 필명인 마크 트웨인은 뱃사람 용어로 안전수역을 나타내는 '두 길(=12ft)'을 뜻한다. 그의 소설 '허클베리 핀의 모험'은 문명에 오염되지 않은 자연인의 혼을 노래한 미국적 서사시로 일컬어진다. 사회 풍자가로서 '도금시대'와 '왕자와 거지' 등으로도 유명한 마크 트웨인은 미국의 제국주의적 침략을 비판해 반제, 반전 활동에 열정적으로 참여했다.

침팬지 햄, 인류를 위해 우주여행의 염원을 대신하다

1월 31일, 1957년

침팬지 햄 우주여행

1957년 소련의 우주견 라이카는 최초로 지구 궤도 비행 후 안타깝게도 몇 시간 만에 죽고 만다. 그로부터 4년 후인 1961년 1월 31일, 15개월간의 훈련을 마친 미국의 침팬지 '햄'이 탄도로켓 MR-2에 실려 우주로 발사됐다. 수차례 발사가 지연되고, 산소가 일찍 끊긴 적도 있지만 햄은 무중력 상태 6.6분을 포함해 16분 39초의 비행 끝에 무사히 지구로 귀환했다. 비행 중 불빛을 보고 손잡이를 잡아당기는 임무도 성공적으로 수행했다. 성공하면 바나나를, 실패하면 발바닥에 전기 충격을 받는 훈련을 강도 높게 한 덕분이었다. 햄은 비행 종료 후 워싱턴DC의 동물원에서 17년을 더 살았다.

김춘수, '꽃의 시인', 무의미시를 주창하다

꽃

내가 그의 이름을 불러 주기 전에는
그는 다만
하나의 몸짓에 지나지 않았다.

내가 그의 이름을 불러 주었을 때
그는 나에게로 와서
꽃이 되었다.
……

11월 29일, 2004년

시인 김춘수 타계

2004년 11월 29일 '꽃의 시인' 김춘수가 82세를 일기로 별세했다. 경남 통영 출신의 모더니스트 시인 김춘수는 초기엔 릴케와 실존주의 철학의 영향을 받았고 현실참여적 이기도 했으나 1970년대에 절정을 이루던 순수와 참여 논쟁에서 벗어나 관념을 배제하고 사물의 이면에 감춰진 본질을 파악하려 한 '무의미시'를 주창했다.

1월
January

2월
February

3월
March

4월
April

5월
May

6월
June

11월 28일

마젤란, 인류 최초의 지구일주항해의 지휘자

11월 28일, 1520년

마젤란, 태평양 조우

1520년 11월 28일 인류 최초의 지구일주 탐험대 선장인 페르디난드 마젤란이 세상에서 가장 큰 바다인 태평양을 만났다. 스페인의 지원을 받아 선박 다섯 척에 승무원 270명을 싣고 항해한 지 1년 석 달이 지난 시점이었다. 대서양을 건너 남아메리카 해안을 따라 남하하다가 알 수 없는 한 해협(훗날의 마젤란 해협)을 통과한 마젤란은 새로이 펼쳐진 바다가, 기나 긴 항해에도 불구하고 파도가 잔잔하고 평화로워 '태평양'이라 이름 지었다. 희망하던 인도를 발견하지 못하고 괌과 필리핀에 도착한 마젤란은 섣불리 막탄섬을 공격했다가 41세에 전사했다.

괴테, 독일 문학의 거장이 되다

2월 1일, 1774년

괴테, '젊은 베르테르의 슬픔' 집필

1774년 2월 1일, 25세의 신진 독일작가 요한 볼프강 폰 괴테가 '젊은 베르테르의 슬픔'이라는 서간체 소설의 집필을 시작한다. 2년 전에 괴테는 업무 때문에 새 친구를 사귀는데 그에게는 샤를로테 부프 라는 약혼녀가 있어 괴테는 첫눈에 반해 그녀를 짝사랑하게 된다. 고향으로 돌아온 괴테는 얼마 뒤 한 친구가 자신과 비슷한 상황에 처해 자살했다는 비보를 전해 듣고 이 소재에 자신의 체험을 섞어 '젊은 베르테르의 슬픔'을 쓴다. 파국으로 치달아 권총 자살을 선택하는 베르테르의 극단적인 심정에 공감해 당시 유럽의 많은 젊은이들이 소설 속 베르테르의 옷차림을 따라했고 그를 모방해 자살한 사람도 2000여 명 이상으로 추정되지만 정작 작가인 괴테는 80세가 넘게 장수했다.

11월 27일

November

마쓰시타 고노스케, 일본에서 '경영의 신'으로 불리다

11월 27일, 1894년

일본 '경영의 신' 마쓰시타 고노스케 출생

1894년 11월 27일 일본에서 '경영의 신'으로 추앙받는 기업인 마쓰시타 고노스케가 와카야마현에서 태어났다. 9세 때 초등학교 중퇴 후 점원 생활을 하다가 16세에 오사카 전등회사에 입사했고 23세에 독립해서 마쓰시타 전기기구제작소를 창업해 세계 굴지의 가전제품 회사로 키웠다. 그는 경영을 예술적 창조활동에 비유해 신념과 희망이 넘치는 기업활동을 이끌었다. 그러나 1989년 94세를 일기로 그가 타계한 후 일본 경제는 버블이 붕괴하고 장기불황에 접어들었으며 그의 회사 파나소닉은 현재 악화일로의 경영난을 겪고 있다.

2월 2일, 1970년

20세기 지성 러셀 사망

1970년 2월 2일, 20세기의 대표적 지성인 버트런드 러셀이 영국 웨일즈의 자택에서 사망했다. 향년 98세. 영국의 귀족 가문에서 태어난 러셀은 논리학, 수학, 철학으로 명성을 떨쳤고 정치, 사회, 교육, 예술 등에도 다양한 저작을 해 1950년 노벨문학상을 수상했다. 그는 90세가 넘어서까지 반전·반핵의 평화운동에 열의를 쏟았는데, 1970년 1월말 이스라엘이 3년 전 6일 전쟁에서 점령한 지역에서 철수하라는 성명서를 발표하고 난 며칠 후 숨을 거두었다.

November

11월 26일

투탕카멘, 이집트 18왕조 파라오

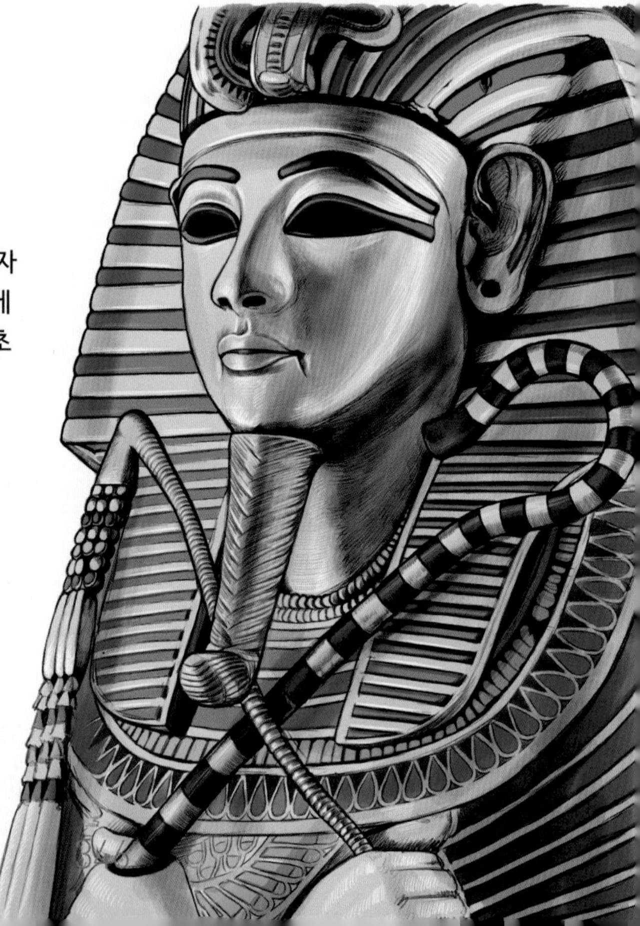

11월 26일, 1922년

투탕카멘 무덤 발굴

1922년 11월 26일 영국의 고고학자 하워드 카터가 이집트 왕들의 계곡에서 발견한 투탕카멘왕의 무덤에 최초로 들어가 찬란한 황금의 관과 가면을 발견했다. 투탕카멘은 9세의 어린 나이로 파라오가 됐지만 18세에 요절했다. 그의 무덤이 도굴꾼의 눈을 피해 고스란히 보존된 이유는 무덤 위에 람세스 1세의 무덤이 만들어져 두꺼운 토사층에 덮여 버렸기 때문이다. 발굴 당시 주변인물들이 의문사한 '파라오의 저주' 때문에 투탕카멘은 가장 유명한 파라오가 됐다.

2월 3일

거트루드 스타인, 정답은 뭘까?

2월 3일, 1874년

작가 거트루드 스타인 출생

1874년 2월 3일, 미국의 시인 겸 소설가 거트루드 스타인이 피츠버그에서 태어났다. 그녀는 시와 소설에서 대담한 언어상의 실험을 시도한 모더니스트로서 '로스트 제너레이션' 이란 말을 처음 사용했다. 엄격한 이성주의자, 논리주의자 이었음에도 불구하고 피카소, 헤밍웨이, 제임스 조이스 등 보헤미안이나 혁신주의자들을 후원했다. 그녀는 1946년 암으로 눈을 감기 직전 평생의 동성애 연인인 토클라스에게 "정답이 뭐야?" 라고 물었는데 답을 못하자 "그럼, 질문은 뭐야?" 라 다시 물으며 숨을 거두었다.

노벨, 다이너마이트 특허로 '노벨상'을 만들다

11월 25일, 1867년

노벨, 다이너마이트 발명 특허 획득

1867년 11월 25일 스웨덴의 화학자 알프레드 노벨이 다이너마이트의 발명 특허를 획득한다. 노벨은 규조토에 액체 니트로글리세린을 흡수시켜 안정적이면서도 폭발력이 강한 다이너마이트를 개발했고 막대한 돈을 벌 수 있었다. 그는 대부분의 재산을 스웨덴의 왕립과학아카데미에 기부하여 '노벨재단'이 설립되고 '노벨상'이 탄생했다.

2월 4일

조지 워싱턴, 거대한 미국의 시작을 선언하다

2월 4일, 1789년

미국 초대 대통령에 조지 워싱턴 선출

1789년 2월 4일 조지 워싱턴이 미국의 초대 대통령으로 선출됐다. 아메리카 혁명군 총사령관으로 뽑혔던 그는 영국군과의 여러 차례 격전 끝에 요크타운에서 콘월리스 장군을 항복시켜 사실상 전쟁을 끝냈다. 이후 그는 제헌회의를 이끌면서 국민의 두터운 신망을 얻었으며, 결국 선거인단의 만장일치로 초대 대통령이 됐고 3년 후 워싱턴은 제2대 대통령에 또다시 선출됐다.

11월 24일

로트렉, 댄서와 매춘부를 화폭에 담다

11월 24일, 1864년

비운의 화가 로트렉 출생

물랭루즈의 댄서와 매춘부들을 즐겨 그린 단신의 프랑스 화가 앙리 툴루즈 로트렉이 1864년 11월 24일, 남프랑스 알비에서 태어났다. 그는 귀족 혈통을 이어받았지만 가계의 빈번한 근친혼과 사촌 간이었던 부모 탓에 허약한 어린 시절을 보내던 중에 14살과 15살 때 사고로 양 다리가 부러져 하반신이 더 이상 자라지 않았다. 150cm 남짓한 난쟁이 모습의 그는 점차 그림에 빠져들었고 파리 몽마르트르의 카페와 댄스홀 물랭루즈에서 댄서와 배우, 매춘부를 많이 그렸다. 석판화로 제작한 그래픽 포스터에도 발군의 재능을 발휘한 그는 평단의 인정도 받고 그림도 잘 팔렸으나 무절제한 생활과 알콜 중독으로 37세에 세상을 떠나고 말았다.

February

2월 5일

채플린, 무성영화와 유성영화 사이에 서다

2월 5일, 1939년

영화 '모던 타임스' 개봉

1939년 2월 5일, 찰리 채플린이 제작·감독·각본·음악·주연한 무성영화 '모던 타임스'가 개봉됐다. 시계에 지배되는 기계문명에 대한 비판과 자본주의의 인간성 무시에 대한 분노를 날카롭게 풍자한 영화였다. 채플린은 알콜중독자 아버지와 정신병원을 드나 든 어머니 사이에서 가난하고 불우한 어린 시절을 보냈으나 천부적인 재능과 개척기 할리우드의 뛰어난 영화제작자 세넷의 지원으로 영화 100년 역사상 가장 폭넓은 사랑을 받는 영화인이 되었다. 그는 제국주의 전쟁의 범죄성을 파헤쳐 한때 공산주의자란 누명까지 썼으나 결국엔 미국의 아카데미 공로상을 받았고 고국인 영국의 여왕 엘리자베스로부터 기사 작위까지 받게 되었다.

11월 23일, 1991년

록그룹 '퀸'의 프레디 머큐리 사망 하루 전 에이즈 감염 고백

1991년 11월 23일 록그룹 '퀸'의 리드 싱어 프레디 머큐리가 대변인을 통해 에이즈에 감염돼 투병 중이라고 고백했다. 프레디는 4옥타브를 넘나드는 음역대의 소유자이며 곡에 따라 자유자재로 느낌을 달리 부르는 다재다능한 가창법, 그리고 명곡들을 작곡해내는 실력을 갖춰 퀸을 대중음악 역사상 최고의 록밴드 중 하나로 만들었다. 75년 발표한 노래 '보헤미안 랩소디'는 영국 음악차트에서 9주 연속 1위를 차지했고 77년 공개된 '위 아 더 챔피언스'는 이후 30여 년간 수많은 스포츠 경기의 대미를 장식하는 고전이 됐다. 프레디는 고백 다음날 사망했다.

February

2월 6일

엘리자베스 2세,
영국인에게는 '마음의 여왕'으로 남다

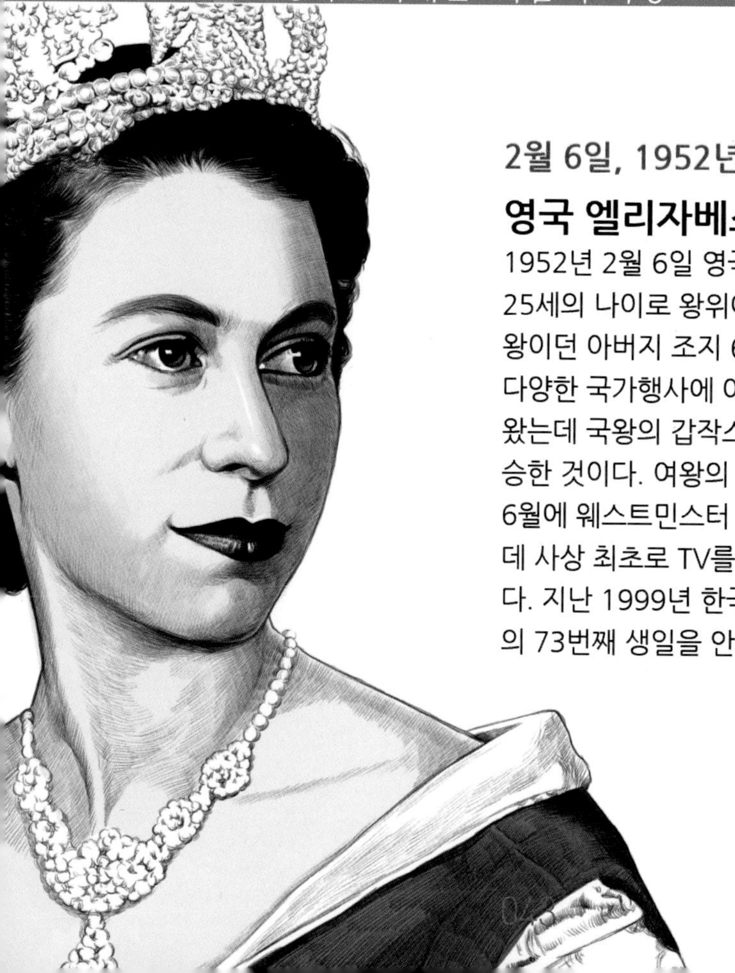

2월 6일, 1952년

영국 엘리자베스 2세 즉위

1952년 2월 6일 영국의 엘리자베스 2세가 25세의 나이로 왕위에 올랐다. 그녀는 전 국왕이던 아버지 조지 6세의 건강악화로 이미 다양한 국가행사에 아버지 대행으로 참석해 왔는데 국왕의 갑작스런 사망으로 왕위를 계승한 것이다. 여왕의 대관식은 이듬해인 53년 6월에 웨스트민스터 대수도원에서 거행됐는데 사상 최초로 TV를 통해 전 세계에 중계됐다. 지난 1999년 한국을 방문한 여왕은 자신의 73번째 생일을 안동 하회마을에서 맞았다.

November

11월 22일

마이크 타이슨, 20살 최연소 헤비급 세계챔피언

11월 22일, 1986년

타이슨, 최연소 헤비급 챔피언 등극

1986년 11월 22일 프로권투 데뷔 후 약 1년 8개월 만에 WBC 타이틀에 도전한 마이크 타이슨이 2라운드 KO승을 거두고 20세의 나이로 세계 최연소 헤비급 챔피언이 됐다. 소년 시절 좀도둑질로 수십 번 체포당했던 타이슨은 WBC 챔피언이 된 후 WBA와 IBF 타이틀까지 거머쥐며 통합 헤비급 챔피언이 됐지만 성추행으로 교도소를 4년간 복역했고, 그 뒤 다시 챔피언이 되기도 했으나 홀리필드와의 경기 중 귀를 물어뜯는 엽기적 반칙으로 실격패를 당하고 폭행사건까지 일으키면서 권투의 세계에서 멀어져갔다.

2월 7일

February

찰스 디킨스, 할리우드 스타처럼 대중의 별이 되다

2월 7일, 1812년

영국의 소설가 디킨스 출생

영국에서 가장 큰 인기를 누렸던 소설가 찰스 디킨스가 200여 년 전인 1812년 2월 7일, 해군 하급관리의 아들로 태어났다. 경제관념이 없는 아버지로 인해 12살 때 런던의 구두약 공장에서 하루 10시간의 노동을 했던 아픈 기억이 있는 디킨스는 사환과 신문기자를 거치면서 작가로 성장했다. 디킨스는 평생 대중을 사랑했고 대중은 그에게 열광해 셰익스피어와 함께 영국문학의 대표작가로 인정받는다. 주요작은 '올리버 트위스트' '크리스마스 캐럴' '데이비드 코퍼필드' '위대한 유산' 등.

볼테르, 프랑스의 비판적 지식인이자 계몽주의 철학자

11월 21일, 1694년

프랑스 사상가 볼테르 출생

18세기 프랑스의 전제 정치와 종교적 맹신을 격렬히 비난하며 진보의 이상을 고취한 계몽주의 사상가 볼테르가 1694년 11월 21일 출생했다. 파리에서 나서 가톨릭 학교에서 수학한 그는 청년기에 이미 반봉건적 풍자 때문에 바스티유 감옥을 드나들었고, 그 후 생활의 대부분을 외국에서 떠돌며 지냈다. 영국에서 뉴튼의 물리학에 큰 영향을 받아 이성적이고 현실적인 사고의 중요성을 깨닫고 사회는 진보하는 방향으로 발전한다고 주장했다. 유럽의 모순을 공격하며 최고 인기철학자가 된 볼테르의 대표작은 사회적 불합리를 맹렬히 비꼰 풍자소설 '깡디드'다.

2월 8일

러일 전쟁, 일본 제국주의 패권 야욕을 드러내다

2월 8일, 1904년

러일 전쟁 발발

1904년 2월 8일, 일본의 해군사령관 도고 헤이하치로가 이끄는 연합 함대가 여순항에 정박해 있던 러시아 함대를 향해 돌연 어뢰 공격을 감행했다. 일본이 일으킨 전쟁마다 늘 그랬듯, 이번에도 선전포고 없는 갑작스러운 기습이었다. 만주와 조선의 쟁탈 주도권을 쥐기 위한 제국주의적 욕망의 충돌이 원인이었던 이 전쟁에서 주변국들의 예상을 뒤엎고 일본이 승리를 거머쥔다. 이후 마치 골리앗을 쓰러뜨린 다윗인 양, 세계무대에 진출할 자신감을 얻은 일본은 자국의 역량을 헤아리지 않고 거침없이 패권주의로 내닫고 말았다.

11월 20일, 1910년

러시아 문호 톨스토이 사망

1910년 11월 20일 러시아를 대표하는 대문호 레프 톨스토이가 심장마비로 사망했다. 향년 82세. 명문 백작가의 4남으로 태어나 어려서 부모를 잃고 친척집에서 자란 톨스토이는 대학교육에 실망해 중퇴하고 지주로서 농민 생활을 개선하려 했으나 실패해 방탕에 빠졌다. 군 복무 중 처녀작 '유년 시대'로 격찬을 받은 그는 결혼 후 문학에 전념해 '전쟁과 평화' '안나 카레니나' '부활' 등 불후의 작품을 써냈다. 그러나 죽음의 공포와 삶의 허무, 가정 불화로 방랑 여행을 하다 아스타포보역의 관사에서 숨을 거두었다.

매카시즘, 냉전시대의 서막을 열다

2월 9일, 1950년

미국, 매카시즘 광풍 시작

1950년 2월 9일, 경력위조, 금품수수, 음주 추태 등으로 정치적 사면초가에 몰린 위스콘신 주 상원의원 조지프 매카시가 "미국무성 안에 205명의 공산주의자가 있다"는 폭탄 연설을 했다. 제2차 세계대전 후 심각한 냉전체제 중 미국은 동독과 중국의 공산화와 소련의 급격한 팽창에 위협을 느끼고 있었던 것이 배경이었다. 정작 매카시는 자신이 폭로한 공산주의자가 누군지 전혀 밝혀내지 못했지만 정계와 관계, 예술계, 언론계를 비롯해 대통령의 정책까지 공산주의와 연계시켜 심판대에 올렸고 신문들은 사실 여부에 관계없이 무책임한 폭로를 헤드라인으로 올려 판매 부수를 올리는데 급급했다. 그러나 1954년 열린 청문회에서 매카시는 허풍만 늘어놓고 고함을 치고 협박을 하는 등 이성을 잃고 추태를 부리는 모습이 고스란히 TV에 생중계되면서 몰락을 자초하고 말았다.

November

11월 19일

슈베르트, 독일의 '가곡의 왕'으로 불리다

11월 19일, 1828년

슈베르트 요절하다

1828년 11월 19일 낭만주의 음악을 선도했던 오스트리아의 작곡가 프란츠 피터 슈베르트가 불과 31세의 젊은 나이에 장티푸스로 죽었다. 신처럼 숭배하던 정신적 스승 베토벤이 죽은 지 채 1년도 되지 않은 때였다. 키가 작고 지독한 근시였으며 소심하기 그지없었던 슈베르트였지만 가난과 타고난 병약함 등의 어려움에도 불구하고 600여 편의 가곡, 8편의 교향곡, 소나타, 오페라 등을 작곡했으며, 특히 주옥같은 독일 가곡을 많이 작곡해 '가곡의 왕'이라 불린다.

그의 유해는 유언에 따라 한 해 먼저 작고한 베토벤의 무덤 가까이 묻혔으며, 88년 두 묘는 빈의 중앙묘지로 옮겨졌다.

2월 10일

February

세일즈맨의 죽음, 지금도 유효한 질문을 던지다

2월 10일, 1949년

연극 '세일즈맨의 죽음' 초연

1949년 2월 10일, 뉴욕 모로스코 극장에서 극작가 아서 밀러의 작품 '세일즈맨의 죽음'이 처음 막을 올렸다. 주인공 로만 역은 리 콥, 연출은 엘리아 카잔이었다. 이 작품은 30년 동안 오직 '세일즈맨'으로 성실하게 살아왔던 주인공 윌리 로만이 삶에 지치고 자식에게 배신당한 후 보험금을 가족에게 주는 최후의 선물로 남기고 차를 몰아 자살한다는 내용이다. 1940년대 후반 미국의 소시민적 소재를 뛰어넘어 전세계 보통사람들에게 보편적인 공감을 이끌어낸 이 걸작은 퓰리처상과 각종 비평가상을 휩쓸었다. 하지만 오늘날 대한민국의 가장들에 비한다면 로만은 오히려 형편이 나았다고 어느 경제지 저널리스트는 쓴소리를 한 바 있다.

November

11월 18일

벤허, 기독교적인 스펙터클 영화의 고전

11월 18일, 1959년

영화 ‘벤허’ 개봉

1959년 11월 18일 미국 뉴욕에서 러닝타임 212분의 대작 영화 ‘벤허’가 개봉됐다. 미국 작가 루 월리스의 동명 소설 ‘벤허’를 원작으로 하고 윌리엄 와일러 감독에 주연은 찰턴 헤스턴이었다. 예수 그리스도가 태어난 무렵의 유대 땅에서 유대 귀족 벤허와 로마인 친구 멧살라의 배신과 복수를 한 축으로 하고 유대인으로서 벤허의 각성과 예수와의 만남을 다른 축으로 교차하여 그려낸 이 영화는 벤허와 멧살라의 치열한 전차경주 장면이 손에 땀 을 쥐게 한다. 50년대 까지 전성기를 구가하던 할리우드가 TV의 등장으로 전대미문의 위기를 맞아 MGM사가 1500만 달러의 막대한 제작비를 들여 제작한 벤허는 엄청난 성공을 거두며 회사를 살려냈다. 작품상과 남우주연상을 비롯해 11개 부문의 아카데미상을 수상했다.

February

2월 11일

공자, 법치보다 덕치를 주장한 현실적 이상주의자

2월 11일, 기원전 479년

유교 시조 공자 사망

기원전 479년 2월 11일 고대 중국의 사상가 공자가 73세의 나이로 사망했다. 공자의 이름은 '구'이고 공자의 '자'는 존칭으로 선생을 뜻한다. 공자는 최고의 덕을 인(仁)으로 보았고 인은 극기복례(克己復禮)로 이룰 수 있다고 생각했다. 공자 사상의 핵심인 극기복례는 '자신을 이기고 예를 따른다'라는 뜻으로 여기서 예는 되살려야 할 주나라의 문화, 문물, 사상, 예법을 총체적으로 가리킨다. 공자는 초월적인 신을 거부하고 현실의 인간이 추구해야 할 이상적 질서를 찾았던 사람이다. 그는 춘추전국의 혼란한 시대에 법보다 덕으로 국가를 다스리는 이상정치를 꿈꾸었지만 현실의 권력자들에겐 받아들여지지 않았다.

11월 17일

November

마우스, 애플사에 4만 달러에 특허를 팔다

11월 17일, 1970년

마우스 발명 특허

1970년 11월 17일 미연방특허국은 괴상한 모양의 발명품 특허를 내줬다. 작은 사각형 나무상자에 붉은색 버튼 1개와 가느다란 줄이 달려 있었다. 모양이 생쥐를 닮았다고 해 '마우스'라는 이름이 붙여졌다. 신청자는 스탠퍼드대 연구소 연구원인 더글러스 엥겔바트 박사. 마우스는 혁명적인 사고의 부산물이다. 당시 컴퓨터에는 스크린 자체가 없었고 그림파일이라는 개념도 존재하지 않았다. 2차대전 때 군에서 레이더 기술자로 근무한 엥겔바트는 언젠가 컴퓨터도 레이더처럼 화면에 그림 형식의 파일이 등장할 것이라고 믿었다. 그래서 그림을 찍을 수 있는 개념으로 마우스 'x-y위치표시기'를 발명한 것이다. 오늘날 4억 명이 넘는 사람들이 마우스를 사용하게 된 것은 그의 예지력 덕택이다. 그는 연구소가 애플사에 4만달러를 받고 팔아 마우스 로열티를 한푼도 받지 못했지만 인류 진보에 공헌을 한 것에 자부심을 느낀다고 했다.

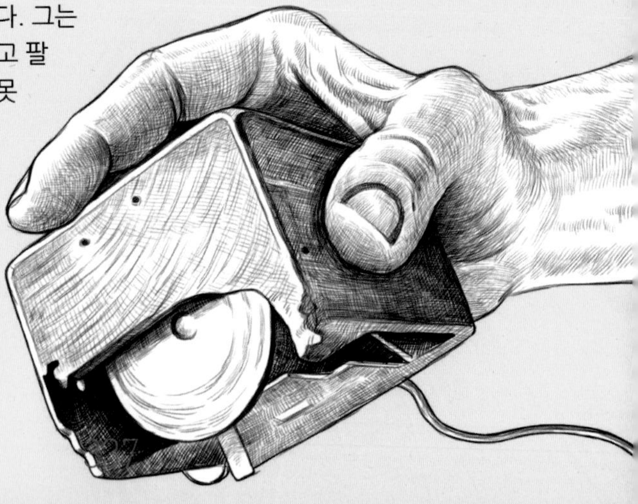

2월 12일

클린턴, 르윈스키와 성추문으로 정치인생 얼룩지다

2월 12일, 1999년

클린턴 미국대통령 탄핵안 부결

1999년 2월 12일 미국상원은 42대 대통령 빌 클린턴에 대한 위증과 사법방해 등 2개 항의 탄핵안을 부결시켰다. 미국 역사상 현직 대통령에 대한 두번째 탄핵투표였다. 이로써 클린턴 대통령은 백악관 인턴직원이었던 모니카 르윈스키양과의 성추문으로 초래된 정치적 위기에서 13개월 만에 벗어나 2001년 1월까지 임기를 보장받았다.

잉카 제국, 스페인의 기병에 허무하게 멸망하다

11월 16일, 1532년

잉카제국 멸망하다

1532년 11월 16일 스페인의 군인 프란시스코 피사로가 잉카제국의 황제 아타우알파를 잡아가두고 수도 쿠스코를 점령했다. 기병 68명을 포함해 총 168명에 불과한 스페인 병력이었지만 대포 3문과 화승총으로 8만 명의 군사에 인구 1200여만 명에 달하는 잉카를 한 시간 반 만에 무너뜨린 것이다. 사로잡힌 황제는 5톤이나 되는 금을 모아 바쳤지만 끝내 처형됐다. 오늘날에도 남미 국가들의 최상류층과 토지자본가의 대부분은 정복자의 후손들이다.

2월 13일

February

영화 쉬리, 테마음악에 취해보는 시간여행

2월 13일, 1999년

영화 '쉬리' 개봉

1999년 2월 13일, 강제규 감독에 한석규, 최민식, 송강호, 김윤진 주연의 영화 '쉬리'가 개봉됐다. 제작비 24억 원의 이 한국형 블록버스터는 이전까지 한국 최다관객수를 기록한 외화 '타이타닉'의 226만 명을 훌쩍 뛰어넘어 개봉 199일 동안 621만 명이 관람했다. 실감나는 도심 총격 신과 남북한 정보요원 간의 비극적 사랑을 줄거리로 한 '쉬리'는 일본에서도 100만 명이 넘는 관객을 동원했고 홍콩, 북미 등 총 15개 지역에서 500만 달러의 수익을 올렸다.

11월 15일

마거릿 미드,
미국의 인류학자로 사모아의 문화인류를 연구하다

11월 15일, 1978년

인류학자 마거릿 미드 사망

1978년 11월 15일 20세기 문화인류학의 대모이자 교육 사회운동가인 마거릿 미드가 77세의 나이에 췌장암으로 사망했다. 그녀는 사모아·뉴기니·발리섬 등에서 원주민들과 함께 생활하며 연구했는데 사춘기 청소년들의 성 역할과 행동을 결정하는 것은 생물학적인 것이 아니라 한 사회가 가지고 있는 문화라는 이론으로 유명해졌다. 미드는 문화인류학에 심리학적 방법을 도입하고 발전시켰으며 적극적인 사회활동에 참여해 20세기의 세계적인 지식인으로 존경받았다.

2월 14일

루시디, 이슬람의 금기를 건들다

2월 14일, 1989년

소설가 루시디 처형 선고

1989년 2월 14일, 이란 혁명의 최고 지도자 호메이니가 소설 '악마의 시' 저자 살만 루시디에게 사형을 선고했다.

'악마의 시'는 인도 출신의 영국 소설가 루시디가 88년에 낸 소설로, 호메이니는 이 소설이 코란을 악마의 말이라 조롱하고 마호메트의 믿음을 의심했다고 판단했다. 이로써 루시디는 끝 모를 피신 생활을 시작했는데 일본인 번역자가 살해됐고 이 책과 관련된 여러 사람이 테러를 당했다. 이후 모하마드 하타미 이란 대통령이 1998년과 2001년 두 차례나 루시디의 사면을 선언했다.

11월 14일

넬리 블라이,
영화 '슈퍼맨'의 실제 모델 미국의 전설적 여성 기자

11월 14일, 1889년

전설적 여기자 넬리 블라이, 세계일주 출발

1889년 11월 14일 퓰리처가 운영하는 뉴욕 월드 신문의 맹렬 여기자 넬리 블라이가 미국 뉴욕 항에서 작은 옷가방 두 개를 들고 런던 행 기선에 올랐다. 쥘 베른의 소설 '80일간의 세계일주'의 경로를 따라 세계 일주에 나선 것이다. 걸린 시간은 72일 6시간 11분. 뉴욕에 돌아오니 유명 인사가 돼 있었다. 패션, 요리, 정원 가꾸기 등 신문사의 주문을 거부하고 정신병동 잠입 취재로 미국의 열악한 의료시스템을 바꾸는 등 탐사와 기획취재에 능력을 발휘한 그녀는 영화 '슈퍼맨'의 열혈 여기자 로이스 레인의 실재 모델이었다.

February

2월 15일

파인만, 과학의 대중화를 이끈 물리학자

2월 15일, 1988년

물리학자 파인만 사망

1988년 2월 15일, 미국의 이론물리학자 리처드 파인만이 암으로 투병하던 중 70세를 일기로 LA에서 사망했다. MIT와 프린스턴에서 공부한 그는 제2차 세계대전 중 원자폭탄 개발계획인 '맨해튼 프로젝트'에 참여했고 65년 양자 전기역학 연구로 노벨물리학상을 공동수상했다. 그는 거시물리의 아인슈타인과 함께 미시물리에서 20세기 최고의 물리학자로 인정받는다. 파인만은 형식과 권위를 거부하고 자유롭고 창조적인 사고로 과학의 대중화에 큰 족적을 남겼다.

11월 13일

전태일, 분신자살로 노동현실을 알리다

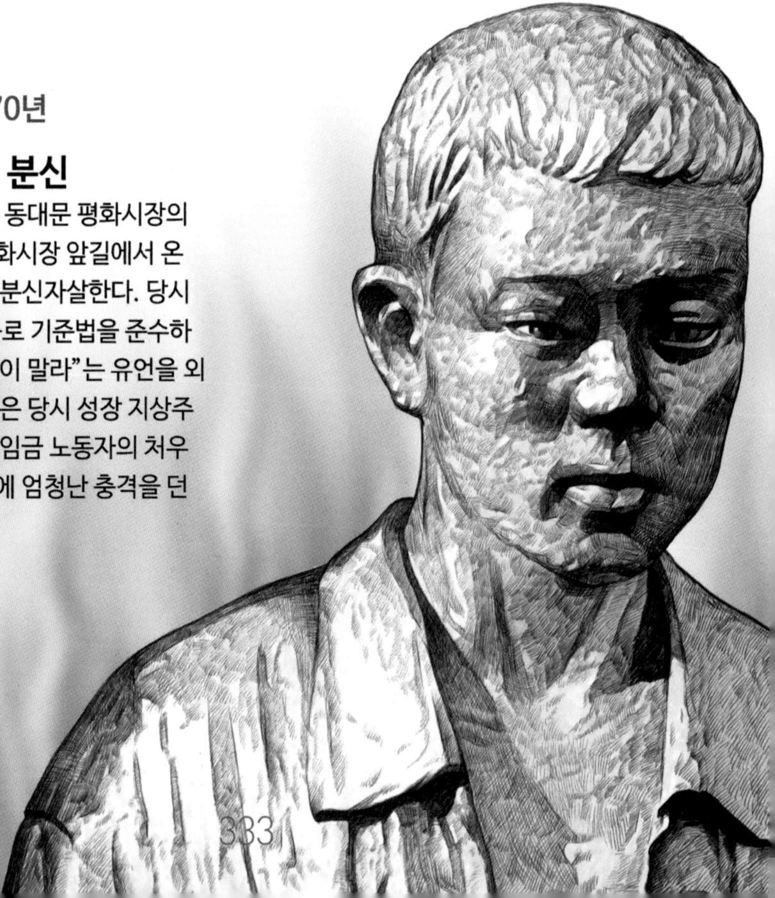

11월 13일, 1970년

노동자 전태일 분신

1970년 11월 13일 동대문 평화시장의 재단사 전태일이 평화시장 앞길에서 온몸에 기름을 뿌리고 분신자살한다. 당시 그의 나이 22세. “근로 기준법을 준수하라” “내 죽음을 헛되이 말라”는 유언을 외치며 죽어 간 전태일은 당시 성장 지상주의의 우리 경제와 저임금 노동자의 처우에 무관심하던 사회에 엄청난 충격을 던졌다.

February

2월 16일

김수환 추기경, "고맙습니다. 서로 사랑하세요"

2월 16일, 2009년

김수환 추기경 선종

2009년 2월 16일, 한국 최초로 추기경에 올랐던 김수환 추기경이 선종했다. 향년 87세, 세례명은 스테파노. 무진박해 때 순교한 조부 김보현의 손자로 대구에서 태어난 김 추기경은 독실한 천주교인이었던 어머니의 말씀을 따라 30세에 대구 계산동 성당에서 사제로 서품됐다. 전 세계 추기경 134명 가운데 최연소의 나이인 47세에 추기경에 오른 그는 가난하고 소외된 사람들의 벗이었으며 한국 민주화 운동의 버팀목이었다.

"고맙습니다,
서로 사랑하세요"

November

11월 12일

보이저1호,
현재까지 작동중인 나사의 태양계 무인탐사선

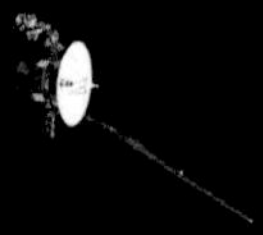

11월 12일, 1980년

보이저1호 토성 근접촬영

1977년에 발사돼 3년2개월간 태양계 여행을 계속해 온 무인혹성탐사선 '보이저1호'가 1980년 11월 12일 토성에 12만4천2백km까지 접근, 근접촬영에 성공했다. '보이저2호'와 함께 발사된 이 탐사선은 토성의 위성 8개를 새로 발견했고 유명한 토성의 3중 고리가 실제는 수많은 가는 띠가 모여 생긴 것이라는 걸 알아냈다. 고리의 두께는 최대 20m로 고리의 넓이를 생각하면 굉장히 얇다.
현재 보이저1호는 인류가 만든 물체 중 지구로부터 가장 멀리 떨어져있다. 예상 수명을 훨씬 넘겨 태양계 밖으로 여행 중인 이 탐사선은 2030년까지는 지구와 통신할 수 있을 것으로 추측된다.

2월 17일

제로니모, 인디언 전사 최후의 맥이 끊어지다

2월 17일, 1909년

인디언 최후의 전사 제로니모 사망

1909년 2월 17일, 80세 아파치 최후의 전사 제로니모가 미국 오클라호마 실 요새에서 숨졌다. 그의 원래 이름은 고야클라, 즉 '하품하는 사람'이다. 멕시코 군의 습격으로 아내와 세 아이, 어머니를 잃은 뒤 복수의 전사로 나선 제로니모는 신출귀몰 멕시코 군과 미 기병대를 유린했다. 여러 차례 체포되기도 했으나 탈출에 성공하는 등 명성이 높아갔지만 1886년 마침내 미 기병대에 체포돼 투쟁은 막을 내렸고 끝내 미국에 동화된 제로니모는 역사 뒤로 사라져갔다.

11월 11일

도스토예프스키,
19세기 러시아 문학의 세계적인 대문호

11월 11일, 1821년

도스토예프스키 태어나다

톨스토이와 함께 19세기 러시아 문학을 대표하는 세계적인 작가 표도르 도스토예프스키가 1821년 11월 11일 태어났다. 데뷔 작품인 '가난한 사람들'로 크게 주목받았으나 이상적 사회주의 모임에 참가했다는 이유로 시베리아 등에서 5년간 유형생활을 했다. 형을 마치고 군대를 다녀온 후 '죄와 벌' '백치' '악령' 등을 저술했다. 취미로 즐기던 도박 때문에 진 빚을 갚기 위해 출판사와 무리한 계약을 하여 마감에 쫓기는 날을 보내던 그는 최후의 걸작 '카라마조프 가의 형제들'을 탈고한 후 몇 달 뒤에 60세의 나이로 사망했다.

February

2월 18일

오펜하이머, 전쟁 영웅에서 마녀사냥의 희생양이 되다

2월18일, 1967년

'원자폭탄의 아버지' 오펜하이머 사망

1967년 2월 18일, 미국 로스앨러모스 연구소의 소장으로 원자폭탄의 개발을 총지휘던 로버트 오펜하이머가 후두암으로 사망했다. 아인슈타인을 비롯해 엔리코 페르미, 한스 베테 등 당대 최고의 물리학자들과 함께 개발한 원자폭탄이 미국을 전쟁의 승자로 이끌면서 오펜하이머는 일약 영웅으로 떠받들어졌지만 일순간에 22만 5000명의 목숨을 앗아간 원폭의 무서움 앞에 전율했고 고뇌 속에 연구소장을 사임하고 수소폭탄 제조 반대운동에 앞장선다. 그러나 때마침 불어닥친 매카시즘의 광풍으로 그는 '마녀사냥'의 희생양으로 공산주의자란 낙인이 찍혀 63년 린든 존슨 대통령이 페르미상을 수여하여 복권하기 전까지 오욕의 삶을 살아야 했다.

11월 10일

아르튀르 랭보, 프랑스 상징주의 기수가 되다

11월 10일, 1891년

천재 시인 랭보 사망

1891년 11월 10일 프랑스의 천재 시인 아르튀르 랭보가 37세의 젊은 나이로 세상을 떠났다. 문학에 비범한 재능을 보였던 모범생 소년 랭보가 반항과 일탈의 삶을 살기 시작한 나이는 불과 16세. 이후 3년간 신선하고 풍부한 이미지와 상징으로 가득찬 시를 써 프랑스 상징주의를 대표하는 시인이 됐다. 그러나 10대 후반에 만난 연상의 서정시인 폴 베를렌느와의 동성애가 파국으로 치닫고 대표 연작시 '지옥에서 보낸 한 철'이 문단과 독자에게 외면 받으면서 절필한 랭보는 세상을 방랑한 끝에 다리에 생긴 종양이 퍼져 '바람 구두'를 신은 채 떠나갔다.

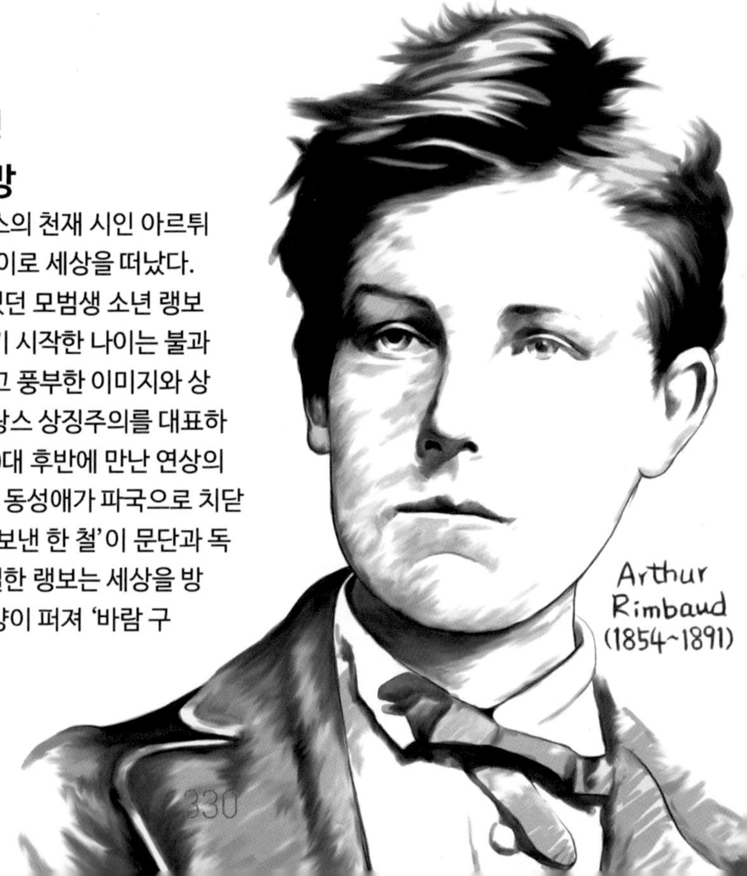

에디슨, 1000종 넘게 특허낸 발명의 아버지

2월19일, 1878년

에디슨, 축음기 특허 획득

미국의 발명가 토마스 에디슨이 1878년 2월 19일 축음기의 발명 특허를 받았다. 소리를 저장해 시간의 한계를 극복하겠다는 아이디어가 실현된 셈이다. 당시의 이름은 포노그래프. 에디슨이 특허를 내면서 적어낸 축음기의 가장 중요한 용도는 노래나 음악이 아니라 회의나 재판때 속기사 대신 말을 기록(녹음)하는 것이었다.

November

11월 9일

전국노래자랑, 대한민국 최고 장수 진행자의 장수 프로그램

11월 9일, 1980년

KBS '전국노래자랑' 첫선

1980년 11월 9일 일요일 낮 12시10분 이면 어김없이 찾아오는 '전국노래자랑' 이 첫 전파를 탔다. 전국노래자랑은 일반인을 대상으로 오디션을 보고 스타를 키워낸 대한민국 최초의 오디션 프로그램으로, 예심참가자 약 50만 명, 무대에 오른 인원만 3만여 명이 넘는다. 전국노래자랑이 현역 최장수 프로그램이 된 일등공신은 단연 진행자 송해. 30주년 공연 때 전국 방방곡곡의 무대 중 "평양 공연이 가장 기억에 남는다."며 황해도가 고향인 그는 눈물을 흘렸다.

February

2월 20일

이이, 십만양병설로 임진왜란을 예측하다

2월 20일, 1584년

율곡 이이 사망

1584년 2월 20일, 조선 중기의 유학자 이자 정치가, 사상가인 이이가 49세의 나이로 생을 마감했다. 율곡은 호의 하나다. 사헌부 감찰을 지낸 이원수와 사임당 신 씨의 셋째 아들로 외가인 강릉에서 태어난 이이는 조광조의 제자인 백인걸 문하에서 학문을 닦았는데 아홉 차례의 과거에 모두 장원으로 합격한 천재였다. 사망 전까지 20년 간 관직에 있으면서 '십만양병설' 등 개혁안을 주장했고 학문 연구와 후진 양성에 힘썼다. 사후 우리나라 18대 명현 가운데 한 명으로 문묘에 배향되어 있다.

뢴트겐 박사, X선으로 물체를 투시하다

11월 8일, 1895년

뢴트겐 박사 X선 발견

1895년 11월 8일 독일의 물리학자 빌헬름 뢴트겐박사가 크룩스관을 사용하여 음극선에 관한 연구를 하던 중 검은 종이나 나무 조각과 같은 불투명체를 관통하는 미지의 방사선을 발견하고 이를 'X선'이라 명명했다. 새로이 발견된 이 방사선은 기존의 광선보다 훨씬 투과력이 커서 뢴트겐 부인 안나의 손을 촬영했더니 뼈가 그대로 드러나 보여 죽음을 본 듯한 충격을 불러 일으켰다. 이 발견으로 뢴트겐은 1901년 최초의 노벨물리학상을 수상했고 현재까지 X선 촬영은 현대 의학과 공학에서 빠질 수 없는 필수 검사항목이 됐다.

February

2월 21일

항우, 패왕별희의 화석으로 영원히 남다

2월 21일, 기원전 202년

항우, 해하 전투에서 유방에 패하다

기원전 202년 2월 21일, 진나라를 멸망시킨 영웅 초패왕 항우가 해하 전투에서 한나라 유방의 사면초가 작전에 몰려 대패하고 자결했다. 항우는 최후의 술자리에서 사랑하는 부인 우미인과의 이별(패왕별희)을 슬퍼하며 노래(해하가)를 부른다.

힘은 산을 뽑을 만하고 기운은
세상을 덮을 만한데

때가 불리하니 오추마도
나아가질 않는구나

추가 더 이상 내딛지
않으니 어쩔 것인가

우희야 우희야 너를
어찌한단 말이냐?

November

11월 7일

러시아 혁명,
차르를 무너뜨리고 볼셰비키혁명에 성공하다

11월 7일, 1917년

러시아 10월혁명 발발

1917년 11월 7일(러시아 구력 10월 25일) 오전 10시, 트로츠키가 이끄는 볼셰비키 혁명군이 러시아 수도 상트페테르부르크에서 레닌이 기초한 소비에트 정권의 수립을 선포했다. 그러나 혁명은 마르크스가 예언했던 서유럽 선진사회가 아닌 유럽 최빈국 중 하나인 러시아에서 일어난 것이었고 뒤이은 레닌의 독재에 의해 빛이 바래고 만다. 이후 70여 년이 지나 소련이 붕괴할 때까지 러시아에서는 공산당의 무자비한 철권통치가 시작됐다.

2월 22일

팝콘, 영화감상의 필수 간식이 되다

2월 22일, 1630년

팝콘, 세상에 첫선을 보이다

1630년 2월 22일, 콰대기나 인디언이 사슴가죽가방에 넣은 팝콘을 처음 선보였다. 인디언들은 옥수수 알 속에 갇혀있던 조그만 악마가 열이 가해지면 퍽 소리를 내며 뛰쳐나온다고 믿었다. 옥수수 알에 함유되어 있는 14%의 수분이 섭씨 205도가 되면 수증기로 변하면서 본래 부피의 35~40배가 되는 팝콘이 만들어진다. 약 100개중 1개꼴로 튀겨지지 않은 옥수수 알이 나오는데 이를 '노처녀(spinster)'라 한다.

11월 6일

링컨, 노예해방 후 미국을 통일하다

11월 6일, 1860년

링컨, 미국 대통령 당선

1860년 11월 6일 미국 제16대 대통령 선거에서 공화당 대통령후보 에이브러햄 링컨이 당선됐다. 그는 불우한 가정환경으로 정규교육을 거의 받지 못했지만 풍부한 독서를 통해 지식을 얻었고 연속된 실패에도 굴하지 않는 의지의 정치인으로 유명해졌다. 링컨이 대통령에 당선된 직후 남부 주들이 노예제도 폐지론에 반발해 연방을 탈퇴 남부연합 정부를 구성했고 결국 남북전쟁이 발발했다. 이 전쟁에서 링컨은 '노예해방'을 선언했고 승리를 이끌어냈으나 재선 후 연극을 보던 중 총격을 당해 사망했다.

February

2월 23일

미 해병대, 이오지마 전투에서 승리의 성조기를 꽂다

2월 23일, 1945년

미 해병대, 일본 이오지마 함락

1945년 2월 23일 제2차 세계대전 중 가장 악몽 같은 전투 끝에 미 해병대는 일본 도쿄 동남방 1000km 지점의 이오지마를 함락하여 이 섬의 최고 산정인 스리바치산 꼭대기에 성조기를 꽂았다. 일본군은 거의 90%가 사망했고 미군도 6800여 명이 전사해 미국 역사상 가장 처절하고 값비싼 대가를 치른 전투 중 하나로 기록된다. 퓰리처상을 받은 아래의 유명한 장면은 AP기자 로젠탈의 연출임이 밝혀졌다.

11월 5일

아인슈타인, 현대 물리학의 지평을 열다

11월 5일, 1916년

아인슈타인, 일반상대성이론

1916년 11월 5일 물리학자 알베르트 아인슈타인이 1905년 발표한 특수상대성이론을 확장해 일반화한 일반상대성이론을 발표했다. 시간과 공간은 고전 물리학인 뉴턴 물리학에서 상정한대로 고정불변한 것이 아니라 관측자와 물질세계의 운동에 따라 달라지는 상대적인 개념이라는 것을 주장했다. 이 이론은 그로부터 3년 후 일식 때 태양 표면을 지나는 별빛이 휘어지는 정도를 예측해 입증됐고 양자이론과 함께 현대 물리학의 새 지평을 열었다.

2월 24일, 1848년

마르크스와 엥겔스, '공산당 선언' 발표

1848년 2월 24일, 인류역사상 가장 영향력 있는 문서 중 하나인 '공산당 선언'이 칼 마르크스와 프리드리히 엥겔스에 의하여 런던에서 발표됐다.

"하나의 유령이 유럽을 배회하고 있다. 공산주의라는 유령이…

자본주의는 인간의 존엄을 교환가치로 녹여 버렸고…

인간의 자유를 단 하나의 파렴치한 상거래의 자유로 대체했다…

공산주의 혁명으로 프롤레타리아가 잃을 것이라곤 쇠사슬 뿐이요 얻을 것은 전세계다"

November

11월 4일

로널드 레이건, 영화배우에서 미국 대통령이 되다

11월 4일, 1980년

레이건, 미국 제40대 대통령 당선

1980년 11월 4일 미 공화당의 캘리포니아 주지사 출신인 로널드 레이건이 미국 대통령 선거사상 가장 고령인 69세의 나이로 대통령에 당선됐다. 투표 1주일 전에 있었던 TV 토론회에서 배우의 경력이 있는 레이건은 뛰어난 화술로 현직 대통령인 카터를 누르고 강력한 인상을 보여주어 압도적 차이로 승리를 거두었다. 당선된 레이건은 힘에 바탕을 둔 '위대한 미국 정신의 재발견'을 표방하면서 신보수주의 시대의 막을 열었다.

권총, 무기에서 개인 호신용 장비가 되다

2월 25일, 1836년

콜트 리볼버 권총 특허 획득

1836년 2월 25일, 미국 뉴저지 주의 작은 공장에서 혁신적인 권총 1정이 탄생했다. 새뮤얼 콜트가 고안한 '리볼버'(회전식 권총)다. 최초로 연발 사격이 가능한 권총으로 서부영화에서 무법자들이 쏘아대던 바로 그 권총이다. 콜트는 10대 때 선원으로 일하면서 증기선의 바퀴에 착안, 리볼버를 설계했다. 복잡한 장치가 없어 고장이 적고 쉽게 사용할 수 있는 장점으로 개발된 지 170년이 지난 요즘도 애용된다. 한국 경찰은 38구경 리볼버를 쓴다. 콜트는 고향 코네티컷주에 콜트 사를 세웠는데 서부개척, 남북전쟁으로 수요가 급증하면서 최대 총기회사로 컸다. 1960년대 M16소총을 만든 것도 이 회사다.

마티스, 20세기 야수파의 리더가 되다

11월 3일, 1954년

색채의 대가 마티스

1954년 11월 3일 피카소와 더불어 '20세기 최고의 화가'라 일컬어지는 프랑스 표현주의의 거두 앙리 마티스가 사망했다. 파리에서 법률을 배웠던 마티스는 급성 맹장염으로 앓아누웠던 스물한 살에 그림에 눈을 뜨게 되어 변호사를 포기하고 화가의 길로 들어섰다. 화가 드랭과 블라맹크를 사귀면서 함께 폭발적인 원색의 개성을 추구한 야수파(포비즘)의 리더가 됐다. 이후 장식적 색채와 아라베스크 구성을 결합하여 평면적이고 동양적인 화풍을 전개해 나갔고 1930~40년대엔 색면효과와 보색관계를 살린 색종이화로 대담하고 순수한 단순미를 창조하여 다시없는 마티스 예술을 완성했다. 인생 후반기의 30여 년을 아름다운 지중해 니스에서 살면서 작업했고 그곳에서 죽었다.

2월 26일, 1802년

'레 미제라블' 작가 위고 태어남

1802년 2월 26일 19세기 프랑스 문학을 대표하는 문호 빅토르 마리 위고가 브장송에서 출생했다. 위고는 나폴레옹 휘하의 장군이었던 아버지의 원하던 대로 법학을 공부했으나 시와 희곡을 써 유명해졌고 소설 '파리의 노트르담'으로 확고한 명성을 얻었다. 여배우 등 수많은 여자들과의 염문으로 감옥에 가기까지 한 그는 칩거한 채 써낸 대작 '레 미제라블'을 60세에 간행해 세계적 작가로 우뚝 섰다. '레 미제라블'은 30여 차례, '파리의 노트르담'은 10여 차례 영화화 됐다.

11월 2일

버나드 쇼, 묘비명에
'우물쭈물 하다가 내 이럴줄 알았지'를 남기다

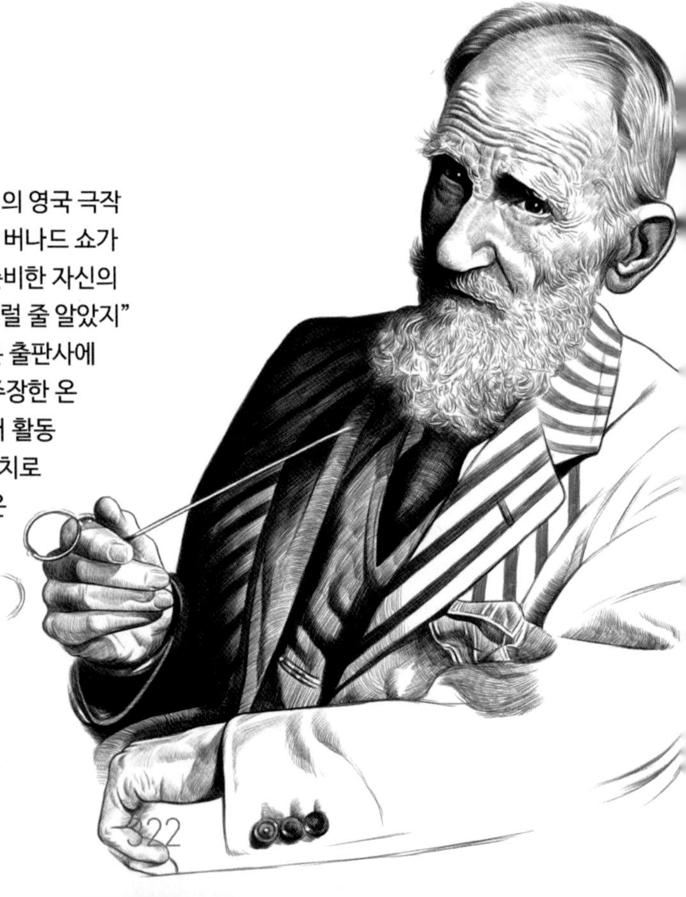

11월 2일, 1950년

극작가 버나드 쇼 사망

1950년 11월 2일 아일랜드 출신의 영국 극작가· 비평가·독설가로 이름을 떨친 버나드 쇼가 94세로 사망했다. 그가 생전에 준비한 자신의 묘비명은 "우물쭈물 하다가 내 이럴 줄 알았지" 였다. 20세에 소설을 썼으나 모든 출판사에 거절당하고 점진적 사회주의를 주장한 온건좌파 단체인 페이비언 협회에서 활동했다. 그는 극작가로서 유머와 재치로 사회의 허위를 폭로했지만 인간은 한없이 진화한다는 낙관론을 주장하기도 했다. 작품 '사람과 초인' 으로 1925년 노벨문학상을 수상했다.

2월 27일

엘리자베스 테일러, 전 세계에 사랑받은 세기의 미인

2월 27일, 1932년

배우 엘리자베스 테일러 태어남

역대 할리우드 여배우 중 미녀의 전형으로 최고의 찬사를 받은 엘리자베스 테일러가 1932년 2월 27일 런던에서 태어났다. 소녀 때부터 미모가 남달랐던 테일러는 10세에 유니버셜 영화사에서 데뷔했다. 아역으로 이미 스타덤을 예고했던 그녀는 19세에 영화 '젊은이의 양지'에서 아름다움과 연기력을 인정받았고, '자이언트'로 성숙해졌으며 '버터필드 8'로 오스카를 거머쥔다. 7명의 남편과 8번의 결혼으로도 유명했던 그녀는 90년대 이후 긴 투병생활 끝에 2011년 79세로 세상을 떠났다.

11월 1일

김현식, 80년대 언더그라운드 음악의 상징이 되다

11월 1일, 1990년

가수 김현식 사망

1990년 11월 1일 '사랑했어요' '비처럼 음악처럼' '내사랑 내곁에' 등을 부른 가수 김현식이 6집 앨범을 녹음하던 중 자택에서 간경화로 사망했다. 그의 대표작이 된 '내사랑 내곁에'는 유작이 된 6집 앨범에 포함된 것이며 그의 사후인 1991년에 발매되었다. 이 앨범은 그 해 일간스포츠 골든 디스크상을 수상했다.

2월 28일

마이클 잭슨, 팝 음악의 영원한 대명사가 된 가수

2월 28일, 1984년

마이클 잭슨, '팝의 황제' 등극

1984년 2월 28일, 미국 LA의 시라인 오라토리움에서 존덴버의 사회로 열린 제 26회 그래미 시상식에서 마이클 잭슨이 올해의 앨범과 올해의 레코드 등 무려 8개의 그래미 트로피를 거머쥐며 '팝의 황제'의 자리에 등극했다. 이것은 1년여 전인 1982년 12월 발매됐던 전설적인 앨범 'Thriller'가 미국 내에서만 2200만 장이라는 경이적인 판매고를 기록했고 빌보드 앨범차트에서 무려 37주간 1위라는 전무후무한 대기록을 작성했으며, 싱글차트 1위에 올랐던 'Billie Jean', 'Beat it'을 포함해 싱글로 커트된 7곡이 모두 Top 10에 진입하는 신기원을 이룬 후여서 예견된 일이었다.

7월
July

8월
August

9월
September

10월
October

11월
November

12월
December

February

2월 9일

현대차 포니, 세계 5위의 글로벌 자동차 기업의 첫발을 내딛다

2월 29일, 1976년

현대차 '포니' 첫 출고

1976년 2월 29일, 최초의 국산 고유모델 승용차 '포니'가 현대자동차 울산공장에서 처음 출고됐다. 이탈리아 자동차 디자이너 쥬지아로가 설계하고 80마력에 배기량 1238cc의 미쓰비시 새턴 엔진을 얹었지만 현대차가 주도해서 개발한 최초의 국산차다. 이때 포니 가격은 227만 3270원으로 판매 첫해 1만 726대가 팔려 단숨에 국내 승용차 시장점유율 43.5%를 차지했다. 같은 해 7월 최초로 에콰도르에 수출되기도 한 포니 덕택에 우리나라는 세계에서 16번째, 아시아에서 2번째로 고유모델 차를 보유한 국가가 됐다.

October

10월 31일

러시모어산, 세계에서 가장 거대한 유명 조각물

10월 31일, 1941년

러시모어산 美 대통령 얼굴조각 완성

1941년 10월 31일 북미대륙 한가운데 있는 러시모어산에서 조각가 거츤 보글럼이 400명의 인부를 고용해 14년 동안 조각한 미 대통령 4명의 얼굴이 완성됐다. 초대 대통령인 조지 워싱턴을 비롯해 토머스 제퍼슨, 에이브러햄 링컨과 시어도어 루스벨트 등 4명의 위대한 대통령이 각각 길이 18m에 이르는 거대한 조각으로 다시 태어난 것이다. 그러나 원래 러시모어 산은 아메리카 인디언들의 성지였고 현재 인디언 후손들이 의뢰하여 대통령들 조각에서 27km 거리에 수우족의 전설적 영웅 타슝카 위트코의 조각상이 67년째 제작 중이다.

1월
January

2월
February

3월
March

4월
April

5월
May

6월
June

October

10월 30일

무하마드 알리, 조지 포먼 꺾고 재기에 성공하다

10월 30일, 1974년

무하마드 알리, 조지 포먼에 KO승 1974년 10월 30일 아프리카 자이레의 수도 킨샤사에서 무하마드 알리와 조지 포먼이 세계 헤비급 타이틀을 놓고 겨루는 세기의 대결이 펼쳐졌다. 32세의 알리는 복서로서 노장에 접어들었고, 25세의 포먼은 KO율 92.7%로 사상 최강의 주먹이라 평가되고 있었다. 그러나 7회까지 일방적으로 알리를 몰아붙이던 포먼이 공격하다 지치자 8회 들어 알리가 집중타를 퍼부으며 승기를 잡았고 왼손 훅에 이은 오른손 스트레이트로 깨끗하게 KO승을 거두었다.

3월 1일

바미얀 석불, 3D로만 남게 된 사라진 세계문화유산

3월 1일, 2001년

바미얀 석불 파괴

2001년 3월 1일, 아프가니스탄의 이슬람 근본주의 세력인 탈레반 정권 민병대가 다이너마이트를 이용하여 바미얀의 고대석불을 파괴했다. 고대 간다라 미술의 영향을 보여주는 바미얀의 석불은 약 1500년 전에 제작된 것으로 추정되며 높이 53m와 37m 2개로 이루어진 인류의 문화유산이었다. 이슬람권 국가들을 포함한 세계 여러 나라의 파괴 중단 요청에도 불구하고 탈레반 정권은 "거짓 우상 숭배를 막기 위해 모든 석상을 파괴하겠다"는 선언대로 바미얀 석불은 희미한 윤곽만을 남기고 파괴됐다.

파스테르나크, '닥터 지바고'로 세계적 명성을 얻다

10월 29일, 1958년

파스테르나크 노벨문학상 거부

1958년 노벨문학상 수상자는 '닥터 지바고'의 러시아 작가 보리스 파스테르나크로 결정됐으나 그는 1958년 10월 29일 스웨덴 한림원에 노벨상 수상을 거부한다는 전보 한 통을 보냈다. 1957년에 출판된 '닥터 지바고'는 인간성에 기반하지 않는 어떠한 혁명도 이데올로기 라는 광신에 의해 파멸된다는 내용을 담고 있다. 이 책은 러시아혁명을 비방했다는 이유로 러시아 내 출판사들이 출판을 거부해 작가는 소설을 이탈리아에서 출판해야 했다. 노벨상 수상 소식이 알려지자 러시아에서는 파스테르나크에 대한 비난과 함께 국외로 추방해야 한다는 목소리가 끊이지 않았다. 그는 제1서기장 흐루시초프에게 "조국을 떠난다는 것은 내게 죽음을 의미한다"는 취지의 탄원서를 보내 추방만은 면했다.

3월 2일

킹콩, 거대 고릴라에서
캐릭터가 되어 대중물의 아이콘이 되다

3월 2일, 1933년

영화 '킹콩', 뉴욕서 개봉

1933년 3월 2일, 거대한 고릴라가 뉴욕시를 덮쳐 도시를 파괴하고 엠파이어스테이트 빌딩에서 복엽기와 사투를 벌이는 영화 '킹콩'이 미국 뉴욕에서 개봉됐다. 신장이 18m에 이르는 괴수 '콩'은 인도양의 가상의 '해골섬'에 살고 있었는데 인간의 탐욕과 여배우 '앤'에 대한 애정 때문에 도시에서 헤매다 마천루 꼭대기에서 떨어져 최후를 맞게 된다. '킹콩'은 유난히 특색 있는 캐릭터와 인상적인 결말 때문에 많은 리메이크작과 아류작이 생겼다.

October

10월 28일

무솔리니, 제2차 세계대전의 서막을 알리다

10월 28일, 1922년

무솔리니, 로마 진군

1922년 10월 28일 이탈리아 파시스트당의 우두머리 베니토 무솔리니가 사병 조직인 '검은 셔츠단' 4만여 명을 이끌고 로마로 진군했다. 파스타 임시수상이 이끄는 정부는 무력했고, 국왕 비토리오 에마누엘레 3세는 무솔리니를 수상에 임명해 그의 쿠데타를 용인했다. 1차 세계대전의 승전국이면서도 전리품 배분에서 소외되어 얻은 게 없다는 상대적 박탈감과 경제 파탄의 위기감 때문에 이탈리아 국민들은 무솔리니의 광기를 지지했고 이탈리아는 이후 2차대전 패망까지 몰락의 길로 치달았다.

마르그리트 뒤라스, 드골과 맞선 작가

3월 3일, 1996년

'연인'의 뒤라스 사망

살아생전 프랑스 작가 중 세계에서 가장 유명한 소설가로 꼽혔던 작가 마르그리트 뒤라스가 1996년 3월 3일 81세의 나이로 사망했다. 자신이 태어났던 베트남을 배경으로 14세 프랑스 소녀와 중국인 부호 아들의 육체적 애정을 다룬 소설 '연인'으로 프랑스 최고 권위의 공쿠르상을 수상했다.

…그는 그녀의 얼굴에 코를 대고 냄새를 맡는다. 그는 어린 소녀의 향기를 들이마신다. 두 눈을 감고 그녀의 숨, 그녀가 내쉬는 따뜻한 숨결을 들이마신다. 그녀의 육체는 점점 경계가 희미해지고, 그는 이제 아무것도 분간할 수 없게 된다. 이 육체는, 다른 몸들과 달리, 무한하다…

October 10월 27일

에라스무스, 르네상스의 위대한 학자로 〈신약성서〉를 번역하다

10월 27일, 1469년

르네상스 인문주의자 에라스무스

1469년 10월 27일 북유럽 르네상스의 가장 위대한 학자로 손꼽히는 에라스무스가 네덜란드의 로테르담에서 태어났다. 그리스 고전과 그리스도교의 융합으로 보다 인간적인 휴머니즘을 주장했던 그는 타락한 카톨릭 교회를 비판했지만 루터의 격렬한 종교개혁에는 반대하여 중용을 지키는 바람에 급진적 루터파와 기성종교의 보수주의 사이에서 곤란을 겪었다. 그러나 그의 자유로운 세계주의적 정신은 이후 전 유럽에 영향을 끼쳤다. 저서로 풍자우화집 '우신예찬'과 그리스 원전을 라틴어로 번역한 '신약성서' 등이 유명하다.

3월 4일

루스벨트, 장애를 넘어 미국의 긍지가 되다

3월 4일, 1975년

루스벨트 제32대 미국 대통령에 취임

1933년 3월 4일, 미국 대통령 직에 무려 3번이나 당선되어 12년간 백악관을 차지했던 프랭클린 루스벨트가 압도적인 표 차로 또다시 대통령에 취임했다. 그는 뉴딜 정책으로 대공황을 극복했고 제2차 세계 대전 때 연합군에 합류하여 승리를 이끌었다. 그는 39세에 소아마비에 걸려 63세로 숨질 때까지 24년간을 휠체어에 의지해 살았지만 불굴의 정신으로 장애를 극복하여 미국인이 가장 존경하는 지도자 중 한 사람이 되었다.

October

10월 [redacted]6일

카잔차키스, '그리스인 조르바'를 읽어보셨나요?

10월 26일, 1957년

그리스 작가 카잔차키스 사망

1957년 10월 26일 그리스의 시인이자 소설가, 극작가인 니코스 카잔차키스가 사망했다. 그가 생전에 미리 써놓은 묘비문은 다음과 같다.

"나는 아무것도 원하지 않는다.
나는 아무것도 두려워하지 않는다.
나는 자유."

니체와 베르그송의 철학을 바탕으로 마르크스와 불교와 기독교 등 이질적 세계관들의 통합을 시도했던 카잔차키스는 55세에 발표한 서사시 '오뒤세이아'와 63세에 발표한 소설 '그리스인 조르바'로 뒤늦게 그리스의 대표작가가 되었다.

훌라후프, 운동기구였으나 풍속의 금기와 싸우다

3월 5일, 1963년

훌라후프 상표권 등록하다

1963년 3월 5일, 미국의 아서 멜린이 훌라후프의 상표권을 등록했다. 훌라후프의 훌라는 하와이의 훌라춤을, 후프는 고리를 의미한다. 미국인 리처드 너와 아서 멜린은 호주에서 운동 기구로 쓰이던 대나무 고리를 본떠 1958년 플라스틱 고리를 만들었고 훌라후프라 이름지었다. 두 사람은 장난감 회사 '웸오'를 설립하고 훌라후프 1개당 1.98달러의 값을 매겨 미국 시장에 내놓은지 1년 만에 1억개를 팔았다. 엄청난 인기때문에 훌라후프 운송 차량이 털리기도 했는데 소련에서는 '미국문화의 공허함을 상징'한다는 이유로 판매가 금지되었고, 일본에서는 엉덩이를 흔들며 돌리는 모습이 볼썽사납다 해서 공공 장소에서는 돌리지 못했다.

October

10월 [redacted]5일

요한 슈트라우스, 500곡 넘게 작곡한 왈츠의 왕

10월 25일, 1825년

'왈츠의 왕' 요한 슈트라우스 2세 출생

1825년 10월 25일 오스트리아 빈에서 '왈츠의 아버지' 요한 슈트라우스의 장남 요한 슈트라우스2세가 태어났다. 아버지 요한은 아들을 음악가로 키우는 걸 싫어했으나 어머니의 도움으로 몰래 바이올린과 작곡법을 배운 요한 2세는 19세에 이미 관현악단을 지휘했고 아버지의 사후 아버지의 악단을 인수 합병해 유럽 각지를 순방하며 명성을 높였다. '박쥐' 등의 오페레타와 '아름답고 푸른 도나우' 등 왈츠를 포함한 경쾌하고 친밀감 있는 대중적 음악을 500곡 넘게 작곡해 그를 '왈츠의 왕'이라 칭한다.

3월 6일, 1973년

미국 소설가 펄 벅 사망

소설 '대지'의 작가 펄 벅이 1973년 3월 6일 세상을 떠났다. 선교사 부모를 따라 중국의 상하이에서 학교를 다녀 난징에서 대학 교수가 됐다. 39세에 발표한 '대지'로 명성을 얻고 4년 만에 3부작으로 완성해 미국 여류작가로서는 처음으로 노벨 문학상을 수상했다. 제2차 세계대전과 6·25전쟁 후 한국을 비롯한 아시아 국가들의 혼혈아를 위해 거액을 희사하는 등 미국의 양심 역할을 했다. 한국어 이름은 박진주다.

크리스티앙 디오르, 여성미의 관능미를 살리다

10월 24일, 1957년

패션 디자이너 크리스티앙 디오르 사망

프랑스의 일류 디자이너 중 한 사람인 크리스티앙 디오르가 1957년 10월 24일 이탈리아 투스카니에서 52세의 젊은 나이에 심장마비로 세상을 떠났다. 집안의 파산으로 모자와 드레스의 크로키를 그려 생활을 이어가던 그는 제2차 세계 대전의 종군 후 첫 컬렉션에서 선보인 롱플레어스커트 디자인이 여성의 실루엣을 강조하는 '뉴 룩'으로 불리면서, 전쟁 중의 '밀리터리 룩'에 억눌려있던 여성미를 화려하고 관능적으로 부활시켜 대성공을 거뒀다. 그 후 튤립라인·H라인·A라인·Y라인·애로우라인 등을 발표하여 세계의 패션 리더가 되었으며 죽기 전 해에 프랑스 최고의 레종도뇌르 훈장을 받았다.

3월 7일

기형도, 죽어서 더 별이 된 요절 시인

3월 7일, 1989년

청년 시인 기형도 요절

1989년 3월 7일, 시집 출간을 준비 중이던 시인 기형도가 종로의 한 극장 안에서 숨진 채 발견됐다. 사인은 뇌졸중, 만 29세의 젊은 나이였다. 사후에 유고 시집 '입 속의 검은 잎'이 발간됐다.

빈집

사랑을 잃고 나는 쓰네

잘 있거라, 짧았던 밤들아
창밖을 떠돌던 겨울 안개들아
아무것도 모르던 촛불들아, 잘 있거라
공포를 기다리던 흰 종이들아
망설임을 대신하던 눈물들아
잘 있거라, 더 이상 내 것이 아닌 열망들아

장님처럼 나 이제 더듬거리며 문을 잠그네
가엾은 내 사랑 빈 집에 갇혔네

October 10월 23일

스머프, 벨기에 만화가 페요의 파란색 캐릭터로 탄생하다

10월 23일, 1958년

개구쟁이 스머프 탄생

1958년 10월 23일 벨기에의 만화가 피에르 컬리포드(필명 페요)에 의해 버섯 집에 모여 사는 파란 난쟁이 스머프가 탄생했다. 스머프라는 이름은 작가 페요가 동료 만화가와 식사하다가 소금이라는 단어가 생각나지 않아 "스머프 좀 건네줘"라고 한 말에서 유래했다. 스머프들의 숲 속 마을 공동체가 사회주의를 은유한다거나 동성애 집단이라는 턱없는 오해를 사기도 했지만 81년 미국의 한나 바바라 프로덕션에서 제작된 총 256화의 TV시리즈는 미국 내 42%의 시청률을 거둔 뒤 세계 40여 개국으로 퍼져나갔다.

3월 8일

조병화, 인간의 존재와 고독을 시로써 질문하다

3월 8일, 2003년

시인 조병화 별세

2003년 3월 8일, 삶과 죽음과 고독한 인생을 평이한 시어로 노래한 계관시인 조병화가 별세했다.

소라

바다엔
소라
저만이 외롭답니다

허무한 희망에
몹시도 쓸쓸해지면
소라는 슬며시
물속이 그립답니다

해와 달이 지나갈수록
소라의 꿈도
바닷물에 굳어 간답니다

큰 바다 기슭엔
온종일
소라
저만이 외롭답니다.

10월 22일

케네디, 쿠바 봉쇄로 제3차 세계대전 문 앞에 서다

10월 22일, 1962년

케네디, 쿠바 봉쇄 선언

1962년 10월 22일 케네디 미국 대통령이 텔레비전 방송을 통해 '소련이 서반구에 대한 핵공격을 가할 수 있는 기지를 쿠바에 건설 중'이라며 '쿠바에서 핵무기가 발사될 경우 이를 소련의 소행으로 간주하고 미국도 핵무기로 대응하겠다'고 경고했다. 케네디는 이와 함께 쿠바를 둘러싼 해상 926km를 무력으로 봉쇄한다고 선언한다. 핵전쟁과 함께 제3차세계대전의 발발이 우려되는 이른바 '쿠바 미사일 위기'가 터진 것이다. 이 위기는 우여곡절 끝에 약 한달 후인 11월 20일 미국이 쿠바해상 봉쇄를 해제하면서 막을 내린다.

3월 9일, 1959년

바비 인형 탄생하다

1959년 3월 9일, 세계에서 가장 유명한 패션 인형인 '바비(Barbie)'가 미국 뉴욕의 장난감 박람회에서 소개되었다. 1945년 미국에서 장난감 회사 마텔을 창립한 루스와 엘리엇 부부는 딸 바바라가 종이로 숙녀 모습을 만들어 노는 것을 보고 바비 인형을 고안했으나 당시 업계 사람들은 모두 회의적인 반응을 보였다. 인형은 아기 모습이어야 한다는 고정관념을 깬 바비 인형은 29.2cm에 불과한 키지만 지금까지 10억 개가 넘게 팔렸고 지금 이 순간에도 매 초당 3개씩 팔리고 있다.

10월 21일

October

넬슨, 조선의 이순신에 비견되다

10월 21일, 1805년

넬슨, 트라팔가 해전에서 전사

1805년 10월 21일 영국의 호레이쇼 넬슨 제독의 왕립 함대 27척이 프랑스-스페인 연합함대 33척을 기습하여 22척을 파괴하고 14000여 명의 사상자를 내는 대승리를 거두었다. 이 전투의 극적인 승리로 영국의 제해권은 확고해졌고 나폴레옹은 영국 침공을 단념했다. 그러나 넬슨 제독은 프랑스 저격병의 총탄을 맞아 “신이여 감사합니다. 저는 임무를 완수했습니다.”라는 말을 남기고 절명했다. 이 해전은 200여 년 전인 1598년 11월, 조선 노량에서 벌어진 이순신의 대승리를 상기시키는 바 있다.

벨, 그가 되살아와 핸드폰을 본다면

3월 10일, 1876년

벨, 최초의 전화통화 성공

1876년 3월 10일, 알렉산더 그레이엄 벨이 실험 중이던 전화기에 대고 다급하게 말했다. "왓슨군, 이리로 와주게. 자네가 필요해!" 세계 최초의 전화통화 실험을 준비하던 벨이 배터리용 황산 용액을 옷에 쏟는 바람에 엉겁결에 준비했던 통화의 내용이 아닌 엉뚱한 말을 외쳤던 것이다. 왓슨은 벨의 조수로 이날의 실험통화를 위해 2층 실험실에 대기 중인 상태였다. 그러나 벨은 이 전화기의 발명이 같은 날 특허청을 찾았던 라이벌 엘리샤 그레이의 발명을 도용한 것이라는 오랜 소송에 시달렸으며 아직도 진실은 명확히 드러나지 않고 있다.

October

10월 20일

김좌진,
한국 무장독립운동사에서 혁혁한 전과를 남기다

10월 20일, 1920년

만주 청산리에서 독립군 대승

1920년 10월20일 김좌진 장군의 북로 군정서군과 홍범도가 이끄는 대한독립군 등이 주축이 된 독립군 부대가 만주에서 일본군 대부대를 섬멸한 청산리 전투가 시작되었다. 수천 명에 불과한 독립군과 수만 명의 일본군이 싸운 이 전투에서 매복 작전이 주효해 독립군은 90여 명의 전사자를 냈으나 일본군은 3500명 이상이 목숨을 잃었다. 26일 까지 계속된 청산리 전투는 한국 무장독립운동 사상 가장 빛나는 전과를 올린 대첩으로 독립전사에 기록됐다.

March

3월 11일

프랑켄슈타인, 공상과학 장르의 시발점이 되다

3월 11일, 1818년

소설 '프랑켄슈타인' 탄생

1818년 3월 11일, 대단히 자극적인 괴물이 탄생했다. 영국의 여류작가 M.W. 셸리가 괴기소설 '프랑켄슈타인'을 내놓은 것이다. 제네바의 물리학자 프랑켄슈타인 박사가 죽은 사람의 뼈로 2.44m의 인조인간을 만들어 생명을 불어넣는다. 이 괴물은 초인적인 힘을 발휘, 추악한 자신을 만든 창조주에 대한 증오심으로 박사의 동생과 신부를 살해하고 자신과 함께 살 여자를 만들라고 강요하는데……. 현대과학에 대한 피해의식과 미래에 대한 불안감을 그린 이 소설은 1931년 유니버설영화사에서 영화화하여 크게 히트한 이래 연작물로 제작되었고 괴물 역의 배우 보리스 카를로프를 유명하게 만들었다.

October

10월 19일

카미유 클로델,
로댕의 연인, 정신병원에서 쓸쓸히 생을 마감하다

10월 19일, 1943년

조각가 카미유 클로델

1943년 10월 19일 프랑스의 조각가 카미유 클로델이 30년 동안이나 갇혀 지내던 정신병자 수용소에서 뇌졸중으로 쓸쓸히 사망했다. 무연고자로 처리된 그녀는 무덤조차 남아있지 않다. 뛰어난 재능과 미모를 가진 클로델은 로댕의 가장 촉망받는 제자였으나 로댕의 많은 연인들 중 하나로 애정관계에 휘말려 천재적 예술성을 크게 펼치지 못했다. 로댕과 결별한 후 자신만의 세계에 몰입해 작품 활동을 하던 그녀는 점점 고립무원의 지경에서 정신병 증세를 보였고 남은 인생을 편집증 속에서 보냈다.

3월 12일

발레리노 니진스키, 세계 최고의 러시아 남성 무용가

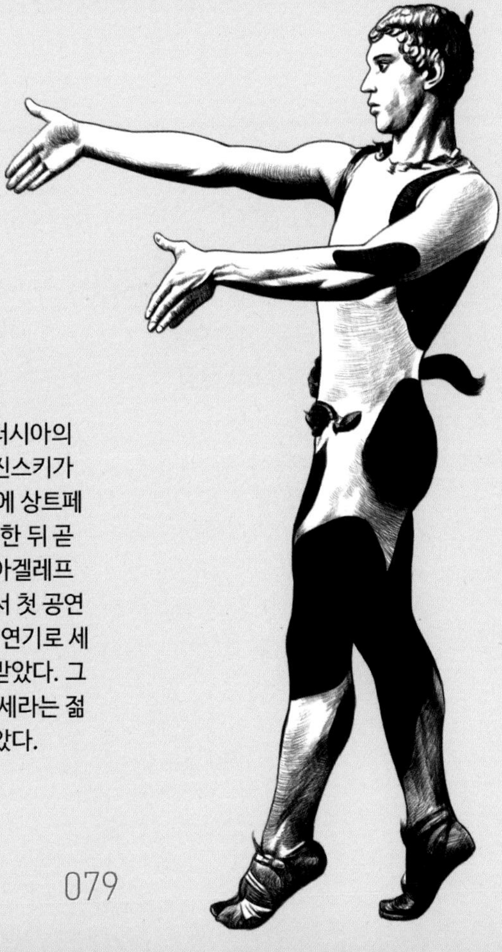

3월 12일, 1890년

발레리노 니진스키 출생

'춤의 신'으로 불릴 만큼 유명했던 러시아의 무용가 이자 안무가인 바슬라프 니진스키가 1890년 3월 12일 태어났다. 17세에 상트페테르부르크의 황실발레학교를 졸업한 뒤 곧 능력을 인정받은 그는 세르게이 디아겔레프의 러시아 발레단에 들어가 파리에서 첫 공연을 가진 후 전설적인 도약과 뛰어난 연기로 세계 최고의 남성무용가라는 평가를 받았다. 그러나 그는 정신분열증으로 불과 29세라는 젊은 나이에 무용계에서 은퇴하고 말았다.

허먼 멜빌, '백경'으로 해양 소설의 진수를 선보이다

10월 18일, 1851년

허먼 멜빌의 '백경' 출간

미국 소설가 허먼 멜빌의 장편 소설 '백경(Moby Dick)'이 1851년 10월 18일 런던에서 '고래(The Whale)'라는 이름으로 처음 출판됐다. 포경선의 외다리 선장 에이헙과 거대한 흰 고래 모비 딕의 사투를 그린 이 해양 소설은 멜빌의 사후에야 그 가치가 재평가되어 세계문학의 걸작으로 꼽힌다.

수전 앤서니, 미국 여권신장의 기수가 되다

3월 13일, 1906년

미국 여성 참정권 이끈 수전 앤서니 사망

1906년 3월 13일 미국의 사회개혁가 수전 앤서니가 86세를 일기로 사망했다. 매사추세츠의 개방적인 퀘이커교도 집안에서 태어나 일찌감치 민권운동에 눈을 뜬 그녀는 미국여성애국동맹을 공동 설립해 노예제 폐지와 여성 참정권 운동을 이끌었다. 제18대 미국 대통령 선거일에 여성으로서 불법인 투표를 강행, 격분한 한 남성의 고발로 기소돼 100달러의 벌금형을 선고받았으나 이를 거부한 그녀는 각 도시를 돌며 "여성도 사람입니까?"라는 명연설로 큰 호응을 이끌어냈다. 이러한 그녀의 노력은 사망 후 14년이 지난 1920년에야 결실을 맺어 여성 참정권을 인정하는 수정헌법 19조가 통과됐다.

푸이,
꼭두각시가 된 청나라 마지막 황제, 정원사로 살다

10월 17일, 1967년

청나라 마지막 황제 푸이

1967년 10월 17일 중국 청나라의 마지막 황제인 선통제 푸이가 61세에 신장암으로 사망했다. 서태후의 교서에 따라 두 살의 나이로 청나라 12대 황제가 된 푸이는 불과 4년 후 신해혁명으로 재위에서 물러났고 청 왕조도 멸망하고 말았다. 군벌과 일본의 야심에 놀아나던 그는 일본 관동군이 세운 만주국의 황제로 추대되었지만 만주국은 일본의 괴뢰국에 지나지 않았고 푸이도 꼭두각시에 불과했다. 일본의 패망 후 소련과 중국 공산당에 의해 14년 동안 감옥살이를 한 그는 53세에 풀려나 식물원 정원사로 일했다. 푸이의 시신은 사후 28년 만인 1995년 황릉으로 이장됐다.

March

3월 14일

스타인백, FBI에서 평생 감시를 받다

3월 14일, 1939년

스타인벡 '분노의 포도' 출간

1939년 3월 14일, 자연재해와 농업기계화로 농토를 잃은 농민들의 이주와 분노를 그린 존 스타인벡의 소설 '분노의 포도'가 출간됐다. 구약성서 중 '출애굽기'의 구성을 따온 이 로드소설은 사회주의적 시각을 드러내며 노동자와 농민의 처절하지만 힘찬 결말로 강렬한 엔딩을 보여주었다. 이 걸작은 자본주의 사회의 결함과 모순을 고발해 미국 기득권자들이 금서로 지정했지만 출간되자마자 커다란 반향을 일으키며 베스트셀러가 됐고 40년 퓰리처상을 수상했다.

마리 앙투아네트, 형장의 이슬로 사라진 프랑스 왕비

10월 16일, 1793년

마리 앙투아네트 참수형

1793년 10월 16일 프랑스 왕 루이 16세의 왕비 앙투아네트가 기요틴으로 처형됐다. 오스트리아 마리아 테레지아 여제의 막내딸로 태어난 앙투아네트는 14세 때 프랑스 왕세자와 정략 결혼해 남편이 왕위에 오르자 굶주린 민중의 고통엔 무관심한 상태로 사치와 방탕을 일삼아 국민의 분노를 샀다. 프랑스 대혁명을 부정하고 적국 오스트리아와 공모한 혐의로 루이 16세가 처형된 지 9개월 만에 마리 앙투아네트 역시 참수되고 말았다. "빵이 없으면 케이크를 먹으라 하라"는 말은 그녀가 했던 말이 아닌데 잘못 전해진 것이다.

3월 15일

카이사르, '주사위는 던져졌다'라는 말을 남기다

3월 15일, 기원전 44년

율리우스 카이사르 암살당하다

기원전 44년 3월 15일, 원로원 회의에 참석하러 가던 로마 공화정 독재관 율리우스 카이사르가 롱기누스와 부르투스를 비롯한 60명의 귀족들에게 둘러싸여 살해당했다. 이때 나이 쉰여섯. 갈리아를 정벌하여 군을 장악하고 민심을 얻어 인기가 치솟은 카이사르가 공화정을 타도하고 독재자가 되리라고 우려한 공화주의자들의 음모가 성공했던 것이다. 그러나 카이사르는 암살당하기 전에 유언장에 이미 양자 옥타비아누스를 후계자로 정해놓았으며 이 양자는 후에 로마 초대 황제 아우구스투스가 된다.

10월 15일

마타 하리, '여명의 눈동자' 눈을 감다

10월 15일, 1917년

스파이 마타 하리 총살

1917년 10월 15일 치명적인 매력의 여성 스파이 마타 하리가 프랑스 파리 근교에서 총살돼 41세의 나이로 생을 마감했다. 그녀는 1차 세계대전 중 프랑스와 독일을 오가며 군사 정보를 판 이중간첩으로 알려졌다. 본명이 M. G. 젤러인 그녀는 네덜란드에서 태어나 장교와 결혼해 인도네시아에서 발리춤을 배웠고 이혼 후 파리의 물랭루주에서 섹시 댄서로 큰 인기를 끌었다. 그녀가 저명인사와 고급 장교를 상대로 매춘을 하며 군사기밀을 빼내는 스파이 활동을 했다지만 명확한 증거가 없었고 독일과의 전쟁에서 수세에 몰린 프랑스 군부의 희생양이었다는 설이 분분하다. 마타 하리는 인도네시아어로 '여명의 눈동자'라는 뜻이다.

사이먼 & 가펑클, 팝송으로 '험한 세상에 다리'가 되다

3월 16일, 1971년

사이먼&가펑클 그래미상 5관왕

1971년 3월 16일, '험한 세상에 다리 되어'라는 곡으로 빌보드 차트 10주 연속 1위를 차지한 남성 듀오 사이먼&가펑클이 최고의 앨범상 등 그래미 5개 부문을 휩쓸었다. 1941년 동갑내기인 폴 사이먼과 아트 가펑클은 같은 고교 출신으로 듀오를 결성했으나 별 주목을 끌지 못하던 중 1967년 개봉한 영화 '졸업'에서 '사운드 오브 사일런스' '미시즈 로빈슨' 등 곳곳에 이들의 노래가 삽입되어 폭발적인 인기를 끌게 됐다. 1981년 이들의 뉴욕 센트럴파크 공연에서는 50만 명이 모여 두 사람의 노래에 귀를 기울였다.

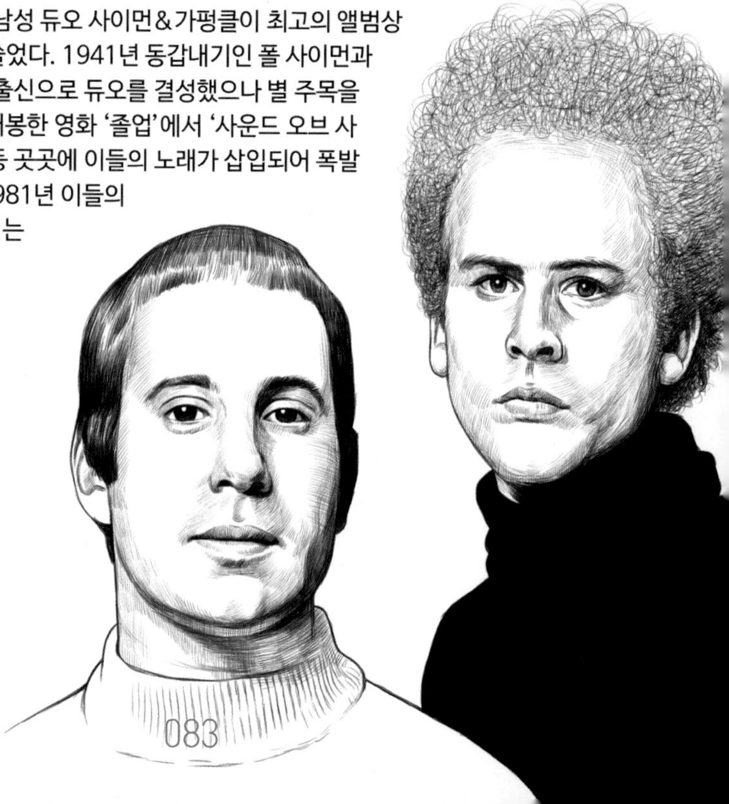

로멜, 제1차세계대전 영웅의 빛 바랜 최후

10월 14일, 1944년

'사막의 여우' 로멜 장군 자살

1944년 10월 14일 제2차세계대전에서 독일군을 이끈 가장 유명한 전쟁 영웅 중 한 사람인 에르빈 로멜이 히틀러의 자살 명령을 받고 음독자살했다. 이미 제1차세계대전에서 뛰어난 활약으로 최고 훈장을 받았던 로멜은 나치스당에 관심을 가져 히틀러의 경호 대장에 임명됐고 기갑사단 지휘자로 활약하며 프랑스와 북아프리카 전선에서 영국군의 공포의 대상이 되어 '사막의 여우'라는 별명으로 불렸다. 그러나 그는 나치의 집단 수용소와 학살을 정의롭지 못한 범죄 행위로 규정했고 히틀러 암살 계획에 연루되어 결국 스스로 목숨을 끊을 수밖에 없었다. 전투에서 그의 신조는 '공격 아니면 맹공격'이었다고 한다.

3월 17일, 180년

'명상록'의 황제 마르쿠스 아우렐리우스 사망

180년 3월 17일 로마제국의 제16대 황제이며 5현제의 마지막 황제 마르쿠스 아우렐리우스가 59세의 나이로 사망했다. 어릴 적부터 스토아 철학에 심취했던 마르쿠스는 황제의 양자로 입양돼 황제의 자리까지 오르지만 게르만족의 침입으로 어려운 시기에 로마를 지키기 위해 생애를 바쳤다. 도나우 강변의 진중에서 집필한 '명상록'은 태어나고 죽는 자연의 법칙을 신의 섭리라 믿고 주어진 운명을 감수하며 죽음을 의연히 맞을 것을 기술하고 있다.

October

10월 13일

네로, 폭군의 대명사가 되다

10월 13일, 54년

네로, 로마 황제에 오르다

기원 후 54년 10월 13일 17세의 네로가 로마제국 제5대 황제의 자리에 올랐다. 네로의 어머니 율리아 아그리피나가 4대 황제인 숙부 클라우디우스와 재혼한 뒤, 전 남편과의 사이에 난 자식 네로를 제위에 올리려 황제를 독살한 후였다. 네로는 자신을 예술가로 여기며 시를 읊고 노래를 불렀고 막대한 자금을 쏟아 부어 로마의 문화를 후원했다. 그러나 정치적으로 간섭해 온 어머니를 살해하고, 정숙한 아내 옥타비아와 스승 세네카에게 자살을 명령했으며, 로마 대화재를 기독교도의 책임으로 몰아 대학살을 단행해 희대의 폭군으로 낙인찍혀 불과 31세의 나이에 자살로 생을 마감하고 말았다.

3월 18일

레오노프, 지구밖 우주에서 유영(游泳)한 최초의 지구인

3월 18일, 1961년

소련 레오노프 우주 유영

1961년 소련 공군의 유리 가가린이 우주선을 타고 최초로 대기권 밖에서 지구를 보며 감탄한지 4년 후인 1965년 3월 18일, 소련의 우주 비행사 알렉세이 레오노프가 궤도비행 중이던 우주선을 떠나 우주공간에서 12분간 유영해 세계 최초의 우주 유영 인물이 됐다. 그는 4.6m 길이의 밧줄로 자신을 우주선에 연결했으며 강력한 태양열로부터 보호받기 위해 특수 장비의 우주복을 입고 있었다. 레오노프는 이 12분간의 우주 유영을 위해 18개월간의 혹독한 무중력 훈련을 받았었다. 한편 미국은 가가린과 레오노프의 성공때문에 1969년 아폴로 11호가 달 착륙에 성공할 때까지 열등감에 시달릴 수밖에 없었다.

존 덴버, 컨트리 팝 음악을 대중화시키다

10월 12일, 1997년

'록키 산의 독수리' 존 덴버 추락사

1997년 10월 12일 미국을 대표하는 컨트리 뮤직의 제왕 존 덴버가 자가용 비행기를 조종하다 록키 산맥에 추락하여 사망했다. 어릴 때 할머니에게 깁슨 어쿠스틱 기타를 선물받고서 음악에 빠져든 그는 건축학을 전공했으나 기타를 더 사랑했다. 28세 때 발표한 'Take Me Home Country Road'가 전 세계에 히트를 해 수퍼스타가 됐고 이어 'Rocky Mountain High' 'Sunshine On My Shoulder' 'Annie's Song' 'Perhaps Love' 등 부드럽고 다정한 음성으로 수많은 히트곡을 남겼다.

3월 19일

가우디, 100년 넘게 짓고 있는 사그리나 성당 설계자

3월 19일, 1882년

가우디, 사그라다 건설 시작

1882년 3월 19일, 스페인의 천재 건축가 안토니오 가우디가 바르셀로나에서 사그라다 파밀리아 라는 이름의 성당 공사를 시작했다. 그는 40년 이상 이 성당의 건설을 책임졌으며, 죽기 전 15년 내내 이 일에만 전념했다. 그러나 안타깝게도 1926년 가우디는 트럭에 치어 죽었고 착공 후 130년이 넘은 지금까지도 사그라다 성당은 여전히 미완성인 상태다. 완공 예정은 2026년이다.

October 10월 11일

에디트 피아프, 샹송의 여왕, 고단한 삶을 내려놓다

10월 11일, 1963년

샹송의 여왕 에디트 피아프 사망

1963년 10월 11일 슬픔으로 가득 찬 인생을 샹송으로 승화시켰던 프랑스 가수 에디트 피아프가 48세의 나이에 세상을 떠났다. 3류 가수 어머니와 곡예사 아버지 사이에서 태어난 그녀는 부모가 떠나버리고 외할머니 슬하에서 가난과 절망 속에서 자랐다. '작은 참새'라는 뜻의 피아프란 이름으로 카바레 무대에 선 것이 18세. 상처받은 영혼에서 울려나오는 그녀의 노래는 '샹송의 여왕'으로 가는 시작이었다. 첫 사랑의 사고사 후 '사랑의 찬가'를 불렀고 이브 몽탕과의 열애로 '장밋빛 인생'을 노래했던 그녀는 잇따른 자동차 사고와 마약 중독으로 눈을 감았다.

March

3월 20일

아사하라 쇼코,
옴 진리교 신도들에게 지하철 테러 사주

3월 20일, 1995년

아사하라 쇼코, 도쿄 독가스 테러

1995년 3월 20일, 출근 시간의 도쿄 18개 지하철역 구내에서 인체에 치명적인 사린 독가스가 살포돼 12명이 숨지고 5500여 명이 중독현상으로 쓰러졌다. 사린은 제2차 세계대전 당시 나치 독일이 개발한 무색무취의 신경가스로 사상 최강의 독가스로 불린다. 사건은 종말론을 주장해온 신흥 종교단체인 옴 진리교 신도들의 소행으로 밝혀져 교주 아사하라 쇼코를 비롯한 핵심 주모자 13명은 사형이 확정됐고 5명은 무기징역형을 받았다.

율 브리너, 러시아 출신의 삭발이 매력인 명배우

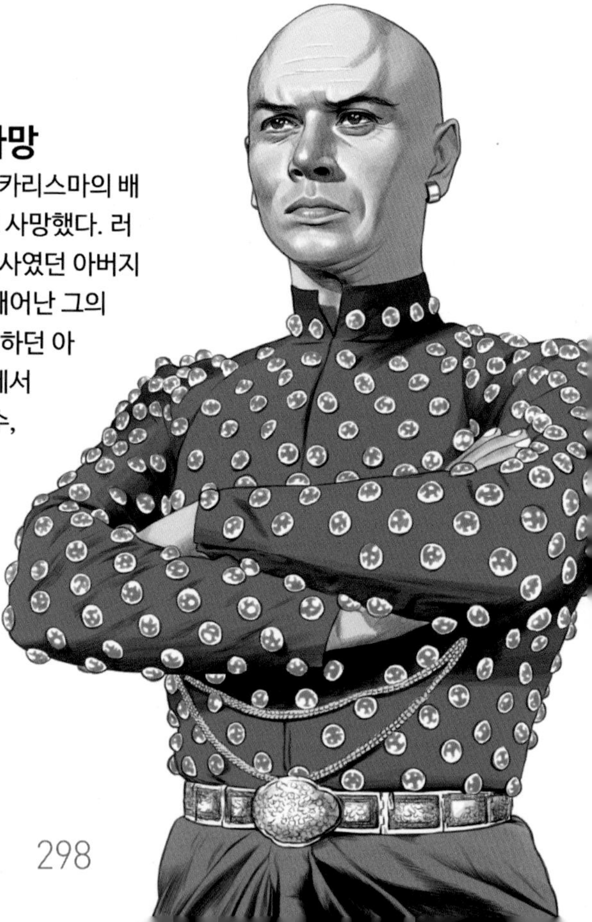

10월 10일, 1985년

‘왕과 나’의 명우 율 브리너 사망

1985년 10월 10일 삭발 머리에 넘치는 카리스마의 배우 율 브리너가 폐암으로 투병 중 65세로 사망했다. 러시아 블라디보스토크에서 몽골의 광산기사였던 아버지와 루마니아 집시였던 어머니 사이에서 태어난 그의 본명은 타이제 칸이다. 어린 시절 사업을 하던 아버지를 따라 매년 여름을 북한의 함경도에서 보내곤 했던 율 브리너는 청소년기에 가수, 서커스곡예사, 유랑극단 배우로 활동하다 31세에 뮤지컬 ‘왕과 나’의 주연을 맡아 크게 유명해졌다. 1246회에 이르는 연속공연으로 토니상을 수상했고 동명의 영화로 아카데미 남우주연상도 받았다. 그밖에 ‘십계’ ‘아나스타샤’ ‘황야의 7인’ ‘대장 부리바’ 등의 출연작이 있다.

3월 21일

스필버그,
'쉰들러리스트'를 만든 그가 유대인임을 아십니까

3월 21일, 1994년

스필버그 감독 아카데미상 첫 수상

1994년 3월 21일 열린 제66회 아카데미 시상식에서 스티븐 스필버그 감독이 영화 '쉰들러 리스트'로 최우수 작품상과 감독상 등 7개 부문을 휩쓸었다. 스필버그로서는 처음 수상이다. 75년 '블록버스터'란 단어를 탄생시킨 영화 '조스' 이후 'ET' '컬러 퍼플' '쥬라기 공원' 등 숱한 화제작을 연출한 그였으나 SF나 판타지 등 어린이용 영화를 만드는 감독이라는 시각에 묶여 있다가, 나치 독일 치하의 아우슈비츠 수용소에서 유대인 1100여 명을 구해낸 기업인 오스카 쉰들러의 실화를 바탕으로 한 '쉰들러 리스트'로 비로소 오스카상과 인연을 맺은 것이다.

세종대왕, '백성을 가르치는 바른 소리'를 반포하다

10월 9일, 1446년

세종대왕, 훈민정음 반포

1446년 10월 9일 조선 4대 국왕인 세종이 한국 고유문자인 훈민정음 28자를 반포했다. '백성을 가르치는 바른 소리'라는 뜻의 훈민정음은 3년 전인 1443년 이미 완성됐지만 3년 동안 용비어천가를 짓는 등 그 실용성에 대해 널리 알린 후 반포한 것이다. 훈민정음을 창제한 목적은 빌려 쓰고 있는 중국글자 대신 우리말에 맞는 새 글자를 만들어 민족 자주정신을 고양하고 한자를 모르는 백성들이 보다 쉽게 문자를 배울 수 있도록 하기 위해서였다. '한글'이라는 이름은 주시경 선생이 만들어 1913년부터 쓰이기 시작했다.

3월 22일, 2009년

화가 김점선 별세

암 투병 중에도 그림과 저술 활동에 더욱 몰입했던 화가 김점선이 2009년 3월 22일 별세했다. 화가는 꽃, 오리, 말 등을 소재로 단순하고 우화적인 작품을 창작했는데 극도의 빈곤 속에서도 개인전만 60차례 열 정도로 열정적 예술 활동을 펼쳤다. 그는 그림뿐만 아니라 에세이와 동화의 작가로도 활동했고 방송진행자로서 각계 문화인들과 교류를 활발히 나누었다. 87년과 88년 평론가협회가 선정한 '올해의 최우수 예술가'에 올랐다.

10월 8일

마타이,
아프리카에 나무심기 운동으로 노벨평화상 수상

10월 8일, 2004년

마타이, 아프리카 여성 최초로 노벨평화상 수상

2004년 10월 8일 아프리카 케냐의 여성 환경 운동가인 왕가리 마타이가 노벨평화상을 수상했다. 아프리카 여성으로는 처음이고 남녀 통틀어 일곱 번째 수상자다. 20대에 미국에서 생물학을 전공한 후, 고국의 나이로비 대학에서 수의학으로 박사학위를 받고 강단에 섰던 그녀는 환경단체 '그린벨트 운동'을 창설해 아프리카 전역의 나무심기 운동을 이끌어 3000만 그루가 넘는 나무를 심었고 서구 자본으로부터 아프리카 삼림이 강탈되는 것을 막자고 호소했다. 2011년 나이로비 병원에서 암으로 별세했다.

3월 23일

스탕달, 발자크와 쌍벽을 이룬 프랑스 문학의 거장

3월 23일, 1842년

프랑스 작가 스탕달 사망

"썼노라, 사랑했노라, 살았노라" 발자크와 함께 19세기 프랑스 소설의 2대 거장으로 평가되는 소설가 스탕달이 1842년 3월 23일 사망했다. 17세에 나폴레옹 원정군을 따라 알프스를 넘었던 그는 나폴레옹의 몰락을 계기로 동경하던 이탈리아로 건너가 밀라노에서 머물며 글을 발표했다. 비천한 출신이지만 야망에 불타는 청년 줄리앙 소렐을 주인공으로 사랑과 권력의 위험한 줄타기를 그린 걸작 '적과 흑', 그리고 전제정치를 분석한 정치소설 '파르마의 수도원'이 대표작이다.

세르반테스,
레판토 전투 외팔이, 훗날 국민 작가가 되다

10월 7일, 1571년

세르반테스, 레판토 해전 참전

최초의 근대소설 '돈키호테'의 작가 메겔 데 세르반테스가 1571년 10월 7일 벌어진 레판토 해전에 참전했다. 레판토 해전은 지중해를 지배했던 이슬람의 투르크가 베네치아령 키프로스섬을 점령하자 이를 저지하려는 베네치아가 교황청과 스페인의 연합함대를 결성, 투르크 함대를 대파하여 큰 승리를 거둔 전투였다. 세르반테스는 전투 중 가슴에 두 군데와 왼손을 크게 다쳤지만 이 해전을 '전에 없던 가장 위대한 순간'이라 평했다. 그는 퇴역 후 고향으로 돌아가다 해적에게 붙잡혀 5년을 포로로 살았고 귀국 후 생계가 막막해 소설을 쓰기 시작했다.

3월 24일

코흐, 결핵 발견으로 노벨 생리·의학생 수상하다

3월 24일, 1882년

세균학자 코흐, 결핵균 발견

1882년 3월 24일 독일의 세균학자 로베르트 코흐가 베를린의 생리학회에서 결핵균의 분리·배양에 성공했다고 발표했다. 그는 콜레라균과 탄저병균 등도 발견해 각종 전염병에는 각기 특정한 병원균이 있으며 그 형태를 서로 식별할 수 있다고 주장했다. 코흐는 아프리카 재귀열과 체체파리로 매개되는 수면병을 연구하고 이의 치료법도 밝혀 미생물학의 발달에 크게 기여했다. 1905년 결핵에 관한 연구로 노벨생리·의학상을 수상했다.

October

10월 6일

최초의 유성 대사,
"잠깐 기다려요! 아직 아무것도 못들었잖아요."

10월 6일, 1927년

최초의 유성영화 '재즈 싱어' 개봉

"잠깐 잠깐만! 넌 아직 아무것도 듣지 못했잖아!
(Wait a minute! Wait a minute! You ain't heard nothin' yet!)"

1927년 10월 6일 뉴욕의 워너브러더스 극장에서 영화 속 주인공 알 졸슨의 목소리가 처음으로 울려 퍼졌다. 바로 최초의 유성영화 '재즈 싱어(Jazz Singer)'의 첫 대사였다. 오직 두 장면에서만 배우의 목소리가 들렸지만 신기술에 열광한 관객은 엄청나게 몰려들었고 파산직전의 워너사는 350만 달러의 흥행수입을 거둬들이며 기사회생하여 메이저 영화사의 대열에 들어섰다. '토키(talkie)'가 영화의 예술성을 해친다는 일부의 반론에도 불구하고 영화는 새로운 돌파구를 향해 승승장구 도약하였다.

3월 25일, 1985년

영화 '아마데우스' 아카데미상 수상

1985년 3월 25일, 십년 전인 1975년에 '뻐꾸기 둥지 위로 날아간 새'로 이미 아카데미 작품상을 수상한 바 있는 체코 태생의 밀로스 포먼 감독의 영화 '아마데우스'가 아카데미 작품상을 비롯 8개 부문을 석권했다. 평범한 재능의 작곡가 살리에리가 방탕한 천재 모차르트에 대한 질투와 증오로 그를 죽음으로 내모는 과정을 그린 이 영화의 원작자는 심리극 '에쿠우스'로 유명한 피터 쉐퍼다. 살리에리 역으로 주연상을 거머쥔 배우는 F. 머레이 에이브러햄, 모차르트는 톰 헐스가 맡았다.

달라이 라마, 티베트 종파 라마교의 영적 지도자

10월 5일, 1989년

달라이 라마, 노벨평화상 선정

"우리는 (중국과) 오랫동안 투쟁해 왔습니다. 우리의 이유가 정당하다는 것을 우리는 알고 있습니다. 폭력은 더 큰 폭력과 고통을 가져 오므로 우리의 투쟁은 비폭력적이고 증오심이 없어야 합니다." 노르웨이 오슬로에서 열린 노벨평화상 시상식에서 달라이 라마는 비폭력 독립운동을 다시 한 번 천명했다. "모든 고통은 무지에서 비롯된다고 나는 믿습니다. 사람들은 자신의 행복과 만족이라는 이기적인 추구로 타인에게 고통을 전가하고 있습니다. 참된 행복은 사랑과 자비인 애타주의의 수련, 그리고 무지와 이기심과 탐욕의 제거를 통해 마침내 달성되는 평화와 만족감에서 오는 것입니다." 라고 달라이 라마는 부연 설명했다. 1950년 10월 중국의 침략, 1959년 인도로의 망명 이후 40년을 이어온 비폭력 독립투쟁을 인정받은 티베트의 정신적인 지도자 달라이 라마가 1989년 10월 5일 노벨평화상 수상자로 선정됐다.

3월 26일

베토벤, 천국에서는 듣는 데 불편 없으시지요?

3월 26일, 1827년

작곡가 베토벤 사망

1827년 3월 26일, 귀가 완전히 멀어버린 '음악의 성인' 루트비히 판 베토벤이 오스트리아 빈에서 세상을 떠났다. 궁정음악가인 아버지의 야심에 따라 제2의 모차르트로 키워진 그는 청소년기에 모차르트와 하이든을 만나 음악적 인정을 받았고 피아노 소나타와 현악4중주곡 등으로 빠르게 명성을 얻었다. 그러나 20대 중반이후 청력을 잃어가던 그는 기적적인 집중력으로 '영웅' '운명' '전원' 등 주옥같은 교향곡들을 작곡했지만 기악과 성악을 결합한 교향곡의 정점 '합창교향곡'을 끝으로 57년의 생을 마감했다.

밀로세비치, 민중봉기로 국제사법재판소에 서다

10월 4일, 2000년

‘발칸의 도살자’ 밀로세비치 정권 붕괴

2000년 10월 4일, ‘발칸의 도살자’라 불리며 인종청소를 벌였던 유고슬라비아연방의 대통령 슬로보단 밀로세비치가 민중봉기로 실각했다. 그는 아버지와 어머니가 모두 자살한 비극적 가정에서 자랐으나 베오그라드대학 법대를 졸업한 후 공산당의 지도자로 영향력을 키웠다. 1989년 세르비아 대통령으로 선출된 후 大세르비아 민족주의를 제창해 수십만 명이 희생된 내전을 촉발시켰고 85만 명의 코소보 주민을 고향에서 쫓아냈다. 전쟁범죄와 학살 죄로 국제사법재판소에서 재판을 받던 중 2006년 감옥에서 사망했다.

March

3월 27일

타잔, 2500만부가 팔린
소설의 주인공을 넘어 문화상품이 되다

3월 27일, 1932년

'유인원 타잔' 개봉

올림픽 수영 금메달리스트 출신의 배우 자니 와이즈뮬러가 6대 타잔으로 출연한 영화 '유인원 타잔(Tarzan the Ape Man)'이 1932년 3월 27일 뉴욕에서 개봉됐다. 와이즈뮬러는 자유형의 세계기록을 67번이나 갱신하고, 올림픽에도 2회 출전해 5개의 금메달을 딴 최고의 수영선수인데 이 영화를 시작으로 총 12편의 타잔 영화에 출연해 스타덤에 올랐다. '타잔'은 원숭이들 언어로 '하얀 피부'를 뜻한다고 한다.

제2차 남북정상회담, 노무현 대통령, 걸어서 군사분계선을 넘다

10월 3일, 2007년

제2차 남북정상회담 개최

2007년 10월 2일부터 4일까지 평양에서 남한의 노무현 대통령과 북한의 김정일 국방위원장이 정상회담을 했다. 2000년 6월에 열린 김대중 대통령과 김정일 국방위원장의 첫 남북정상회담에 이은 두 번째 회담이었다. 노무현 대통령은 대한민국 국가 원수로는 처음으로 걸어서 군사분계선을 넘어 평양에 도착했다. 두 사람은 3일 오전과 오후에 걸쳐 백화원 영빈관에서 모두 네 시간 가까운 1·2차 회담을 통해 북핵문제와 군사적 긴장 완화 등 포괄적인 한반도 평화체제 구축 방안을 논의했다.

샤갈, 자유로운 영혼의 20세기 최고 화가

3월 28일, 1985년

화가 샤갈 영면하다

1985년 3월 28일, 러시아 유대인 출신의 프랑스 화가 마르크 샤갈이 98세로 화려했던 생을 접었다. 23세에 파리에 유학 온 샤갈은 입체파와 야수파의 영향을 받아 환상적이고 화려한 색채로 동물과 연인을 그렸다. 소박한 동화의 세계나 고향의 생활, 하늘을 나는 연인을 몽환적이고 신비하게 풀어놓은 그림은 다른 어떤 화가에게서도 볼 수 없는 샤갈만의 세계다. 그는 유화뿐만 아니라 판화·벽화·스테인드글라스 등 다양한 작업으로 20세기 최고 화가 중 한사람으로 손꼽힌다.

최진실, 비극적 생을 마감한 국민요정

10월 2일, 2008년

탤런트 최진실 사망

인기 탤런트 최진실이 2008년 10월 2일 스스로 목숨을 버렸다. 향년 40세. 최진실은 20세가 되던 1988년 삼성전자의 CF에 출연하면서 폭발적 주목을 받아 TV드라마와 영화에서 밝고 명랑한 이미지의 배우로 왕성하게 활동했다. 남녀노소를 불문하고 대중으로부터 널리 사랑받았던 그녀는 연기력 또한 인정받아 청춘스타에서 일약 국민배우의 반열에 올랐으나 이혼 등 불행한 가정사에 악성 루머와 인터넷 악플에 시달리며 극심한 우울증으로 지쳤던 것으로 알려졌다.

March

3월 29일

진시황릉, 중국의 문화적 깊이를 드러내다

3월 29일, 1974년

진시황릉 발견

1974년 3월 29일, 중국 서안 외곽의 시골 마을에서 우물을 파려던 농부가 흙으로 빚어진 인형을 발견해 신고했다. 발굴된 6000여 명의 흙인형 '병마용'은 바로 진시황릉을 지키던 병사였다. 중원 천하를 통일, 진나라를 세운 시황제는 370만 명의 인력을 동원해 장장 37년의 강제 노역 끝에 이 무덤을 완성했다. 병마용은 하나하나가 각각 다른 용모와 자세를 취해 모두 훌륭한 예술품으로 평가되며 황릉은 87년 유네스코 세계문화유산으로 지정되었다.

헨리 포드, 포드의 창설자이자 자동차왕

10월 1일, 1913년

헨리 포드 '모델T' 생산 시작

1908년 10월 1일, 미국 미시간주의 포드 자동차 공장에서 컨베이어 시스템을 도입한 자동차가 처음 생산됐다. '1초 이상 걷지 않는다', '결코 몸을 구부리지 않는다'는 헨리 포드의 2대 원칙을 적용한 컨베이어의 등장은 물 흐르듯 연결된 시스템 옆에 배치된 노동자들이 순서대로 부품을 조립하여 대량생산, 가격할인, 대량소비 시대를 열었다. 덕분에 포드사는 대당 생산시간을 630분에서 93분으로 단축시켰고 다른 회사의 자동차 값이 2000달러를 상회할 때 모델 T의 가격을 290달러까지 떨어뜨려 1927년 단종될 때까지 무려 1500만대를 보급하는 신기록을 수립했다. 1970년대 독일의 국민차 폴크스바겐의 '비틀'이 기록을 깨기 전까지 단일 모델로서는 세계 최대 생산 기록이었다.

March

3월 30일

고흐, 그가 남긴 명화 '별이 빛나는 밤' 영원히 빛나다

3월 30일, 1853년

화가 반 고흐 출생

강렬한 색채와 격렬한 붓 터치로 자신만의 화풍을 펼쳤던 화가 빈센트 반 고흐가 1853년 3월 30일 네덜란드 준데르트에서 태어났다. 어린 시절부터 남달리 예민했던 그는 서점 점원과 미술품 판매상을 하다 뒤늦게 화가가 되었는데 파리에 유학하면서 인상파의 영향을 받았다. 동료 화가나 아버지와 불화하여 프랑스 남부 아를로 이주해 많은 작품을 남겼다. 친구 고갱과의 우정이 깨진 후 정신병원을 드나들며 발작을 일으켰고 37세에 끝내 권총으로 스스로 목숨을 끊었다.

vincent van gogh(18세)

7월
July

8월
August

9월
September

10월
October

11월
November

12월
December

March

3월 31일

에펠 탑, 프랑스의 상징으로 우뚝 서다

3월 31일, 1889년

에펠 탑 준공

1889년 3월 31일, 프랑스 파리의 상징인 에펠 탑이 준공됐다. 프랑스 혁명 100주년 기념 만국 박람회의 기념물 설계안 공모에 채택된 에펠의 300m 철 구조물 아이디어는 경이와 회의를 불러일으켰는데 준공 후에도 혐오스런 느낌이라는 비판도 많았지만 120년이 지난 오늘날까지 파리의 명물로 사랑받고 있다. 에펠 탑은 로마의 성 베드로 대성당의 돔이나 이집트 기자의 피라미드보다 2배나 높아서 1930년 뉴욕의 크라이슬러 빌딩이 완공될 때까지 세계에서 가장 높은 건축물이었다.

9월 30일

제임스 딘, "영원히 살 것처럼 꿈꿔라"

9월 30일, 1955년

영원한 청년 제임스 딘 사망

1955년 9월 30일 생애 단 3편의 영화로 청춘의 우상이 됐던 제임스 딘이 사망했다. 그는 불우하게 보낸 어린 시절을 뒤로하고 배우의 꿈을 꾸며 입성한 할리우드에서 5년 가까이 단역 배우로 전전했으나 1954년 영화 '에덴의 동쪽'에서 주연으로 발탁돼 섬세하고 날카로운 청년 역을 호연, 성공했다. 우울하고 반항적인 눈빛 연기는 이어진 영화 '이유 없는 반항'으로 극대화되어 폭발적인 인기를 끌었다. 그러나 여배우 피어 안젤리와의 사랑이 실패해 좌절을 겪은 후 자신의 세 번째 영화인 '자이언트'의 개봉을 앞두고 스포츠카를 과속으로 몰다 사고를 일으켜 불꽃 같은 생을 마감했다.

1월
January

2월
February

3월
March

4월
April

5월
May

6월
June

9월 29일

사상계, 독재시대 양심의 등불이 되다

9월 29일, 1970년

담시 '오적' 게재한 월간 〈사상계〉 폐간

1970년 9월 29일 박정희 정권은 군정 연장과 한일 굴욕외교에 대해 맹렬한 비판을 제기했던 월간지 〈사상계〉를 강제로 폐간시켰다. 겉으로는 잡지 등록상의 인쇄인과 실제 인쇄인이 다르다는 낯간지러운 이유를 내세웠지만 속으로는 〈사상계〉에 실린 김지하의 담시 '오적'이 정권의 곪은 치부를 들쑤셨기 때문이었다. 1953년 4월 월간종합교양지로 출발한 〈사상계〉는 재야에 있던 백낙준과 장준하가 사재를 털어 만들었는데 이후 이승만과 박정희 독재정권에 맞서 싸우는 양심세력을 대변하는 잡지가 됐다. 장준하의 아들 장호권이 복간을 준비 중인 현재, 담시 '오적'의 다섯 도둑 이야기는 여전히 힘을 잃지 않은 듯하다.

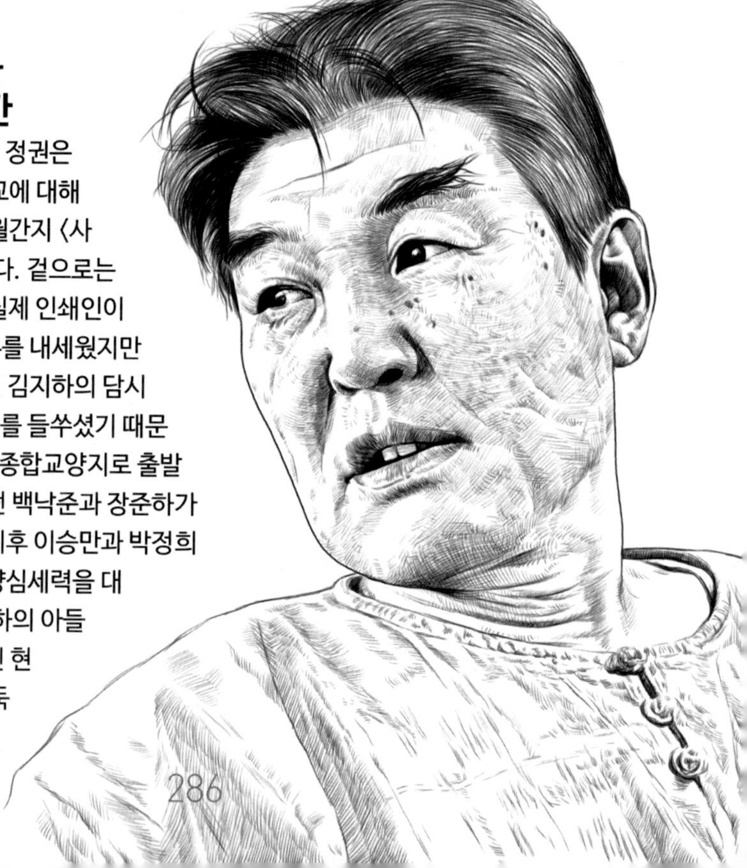

쿤데라, 체코 문학을 세계에 알리다

4월 1일, 1929년

소설가 밀란 쿤데라 출생

1929년 4월 1일 체코의 작가 밀란 쿤데라가 모라비아의 지방도시 브륀에서 태어났다. 그는 18세에 시인으로 데뷔했고 34세엔 첫 소설 '농담'을 출간하면서 전 유럽에 이름을 알린다. 프랑스의 초청으로 렌 대학에서 교편을 잡았던 쿤데라는 프랑스로 망명을 했고 1984년 '참을 수 없는 존재의 가벼움'으로 세계적인 베스트셀러 작가가 됐다.

마라톤 전투, 근대 올림픽경기의 시초가 되다

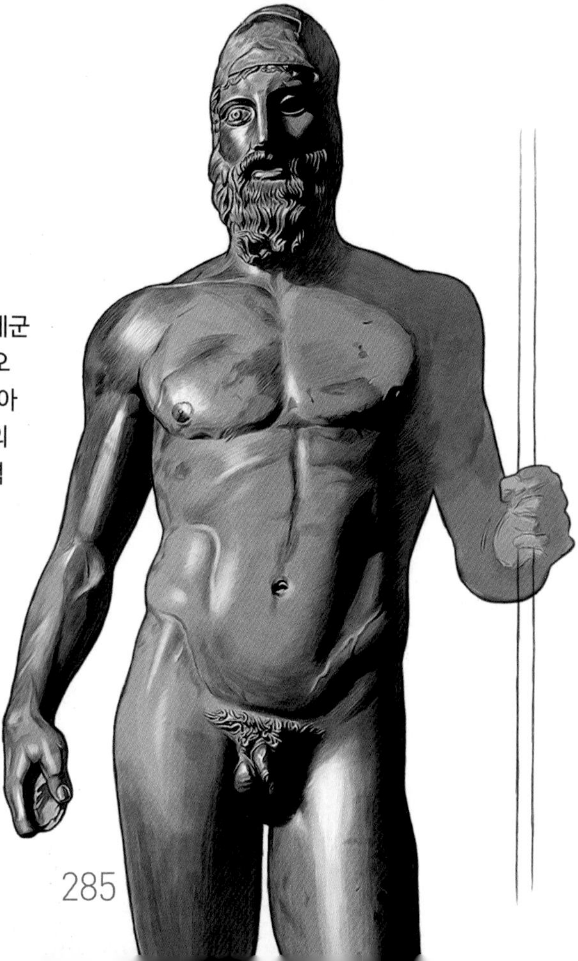

9월 28일, 기원전 480년

마라톤 전투에서 아테네 승리

기원전 480년 9월 28일 그리스의 아테네군이 마라톤 평원에서 침략군 페르시아를 오후 한나절 만에 물리쳤다. 강력한 페르시아 기병대가 잠시 진영을 비운 사이 1만 명의 아테네 중장보병군이 페르시아 보병 주력 부대를 포위해 6400명을 죽이고 대승한 것이다. 승리 후 한 아테네군 전령이 마라톤에서 아테네까지 약 40km를 쉬지 않고 달려가 승전보를 전하고 죽었다는 전설을 기려 1896년 아테네에서 열린 첫 올림픽에서 마라톤을 마지막 경기로 장식하게 됐다. 현재 코스는 42.195km이다.

4월 2일

교황 바오로 2세,
“나는 행복합니다. 그대들도 행복하세요!”

4월 2일, 2005년

교황 요한 바오로 2세 서거

2005년 4월 2일, 봉직 26년 동안 11억 가톨릭 신도는 물론, 전 인류에게 사랑의 메시지를 전했던 교황 요한 바오로 2세가 신의 품에 영원히 안겼다. 향년 84세. 1920년 폴란드 에서 태어난 그는 한때 재능 있는 배우이기도 했으나 신학에 몰두하여 1978년 58세의 나이에 교황으로 임명됐다. 이탈리아 사람이 아닌 사제가 교황에 임명된 것은 455년 로마 교황청 역사상 처음이었다. 역대 어느 교황보다 활발한 해외 선교활동을 했던 그는 20세기 냉전시대에 세계의 평화와 민주화를 위해 노력하여 ‘평화의 사도’라는 칭송을 받았다. 임종 직전 교황은 “나는 행복합니다. 그대들도 행복하세요”라는 말을 전하며 눈을 감았다.

드가, 드로잉을 향한 끝없는 완벽주의자

왜소한 편으로 날씬하고 길쭉한 얼굴에 "높고, 시원하고 둥근 이마는 비단 같은 밤색 머리로 덮였고, 눈치가 빠르고, 의심이 많은 눈은 활처럼 휜 눈썹아래 깊이 감춰져 곡절음표 모양에, 콧구멍이 어지간히 큰 들창코이고 작은 콧수염 아래 반쯤 가려진 미묘한 입"을 한 드가는 어딘가 우스꽝스러운 모습이었다.

9월 27일, 1917년

인상파 화가 드가 사망

1917년 9월 27일 프랑스 인상주의 화파의 창시자 중 한 사람으로 평가받는 에드가르 드가가 사망했다. 그는 인상주의자로 분류되기는 하지만 여타 인상주의자처럼 빛의 효과를 추구한 것이 아니라 당대의 현장을 화폭에 담아낸 것이 특징이었다. 자신의 작품을 미완성으로 생각해 끝없이 완벽을 향해 덧칠했고, 드로잉을 지극히 사랑한 점 등이 르네상스 시대의 레오나르도 다빈치에 비견된다. 말년에 지병인 눈병이 악화돼 시력을 거의 잃는 바람에 주로 조각에 몰두한 그는 평생을 독신으로 지냈다.

April 4월 3일

말론 브란도, 메소드 연기의 진수를 보여준 명배우

4월 3일, 1924년

반항아 말론 브란도 태어남

1924년 4월 3일 미국 네브래스카주 오마하에서 할리우드의 반항아 말론 브란도가 태어났다. 육군사관학교에서 퇴학당한 그는 19세에 연극배우로 데뷔했고 영화 '욕망이라는 이름의 전차'로 유명해졌다. '워터프론트'로 아카데미 남우주연상을 받은 후 20년 가까이 지나 영화 '대부'의 돈 콜레오네 역으로 두 번째 주연상에 지명됐으나 미국의 인디언 차별정책에 항의해 시상식에 불참했다. 이후 '지옥의 묵시록'의 커츠 대령 역 등으로 일관되게 반역자의 이미지를 보여준 브란도는 2004년 80세를 일기로 사망했다.

9월 26일

폴 뉴먼, 20세기 헐리우드 최고 메소드 배우

9월 26일, 2008년

배우 폴 뉴먼 타계

"나는 무척 운이 좋았다. 행운을 타고 난 사람들은 그들보다 불운한 사람들을 도와야한다." 2008년 9월 26일 차갑고 지적인 내면 연기와 짙푸른 눈동자를 가진 배우 폴 뉴먼이 83세를 일기로 사망했다. '뜨거운 양철지붕 위의 고양이' '엑소더스' '내일을 향해 쏴라' '스팅' '타워링' '컬러 오브 머니' 등 많은 히트 영화의 주인공이었던 그는 영화감독과 카레이서로도 활약했다. 그는 또한 뉴먼즈 오운이라는 친환경식품 회사를 공동 설립하여 모든 수익금을 자선단체에 기부해 그 금액이 총 2200억 원에 이르렀다.

April

4월 4일

마틴 루터 킹, 비폭력 흑인인권운동의 선봉이 되다

4월 4일, 1968년

마틴 루터 킹 목사 피살

1968년 4월 4일, 미국 흑인인권운동의 지도자 마틴 루터 킹 목사가 흑인 청소 원 파업 지원차 방문했던 테네시주 멤 피스의 한 모텔에서 갑자기 발사된 총 탄에 저격당했다. 39세의 킹 목사는 한 시간 뒤 절명했다. 극우파 백인인 암살자 제임스 얼 레이는 99년 형을 선고받고 복역하던 중 98년에 죽었다. '나에겐 꿈이 있습니다.'라는 제목의 유명한 연설에서 인종차별의 종식과 정의의 실현을 위한 비폭력운동을 선언했던 킹 목사는 64년 노벨평화상을 수상했다.

9월 25일

루쉰, 중국 근대 문학의 개척자

9월 25일, 1881년

중국의 문학가 루쉰 태어남

1881년 9월 25일, 근대 중국의 세계적 작가이자 사상가인 루쉰이 저장성 사오싱에서 태어났다. 본명은 저우수런으로 루쉰은 대표적 필명이다. 지주 가문에서 태어났으나 집안의 잇따른 불행으로 고생스러운 소년기를 보냈다. 일본에 유학해 의학 공부를 했으나 문학의 중요성을 통감해 국민성 개조를 위한 문학을 지향했다. '광인 일기', '아큐정전' 등으로 전근대적 중국의 모순을 파헤치고 좌익 작가연맹의 지도자로 민족주의와 예술지상주의에 대해 날카롭게 비판했다. 그의 사상은 어떠한 허위도 거부하고 현실에 뿌리박은 강인한 사고에 기반을 둔다.

로젠버그 부부, 불운한 희생양일까, 자발적 희생자일까?

4월 5일, 1951년

미국 로젠버그 부부, 간첩죄로 사형선고

1951년 4월 5일, 미국의 핵폭탄 기밀을 소련에 빼돌린 혐의로 줄리어스 로젠버그와 그의 부인 에셀 로젠버그에게 사형이 선고됐다. 로젠버그는 한때 공산주의자였던 전력 탓에 미군 통신대에서 실직한 전기기사였는데 미국 핵무기 개발의 산실인 로스앨러모스에서 일하던 처남 그린글래스에게서 핵 기밀을 넘겨받아 뉴욕 주재 소련 부영사에게 전달했다는 것이다. 이들 부부는 끝까지 무죄를 주장했고 증거가 부족한 상태에서 정치적 조작에 의한 희생양이 라는 세계적 여론에도 불구하고, 한국전쟁으로 공산주의에 치를 떨던 미국 내 분위기 때문에 1953년 6월 두 사람은 전기의자에서 사형이 집행됐다. 이 사건은 드레퓌스 사건 이후 서방세계를 가장 들끓게 한 사건이었지만 아직도 의혹과 논란에 싸여있다.

벤 존슨, 서울 올림픽에서 세계 신기록을 세우다

9월 24일, 1988년

벤 존슨 서울올림픽 육상 100m 금메달

1988년 9월 24일, 서울올림픽 남자육상 100m 결승이 펼쳐진 잠실 올림픽주경기장에서 LA올림픽 4관왕의 칼 루이스와 로마선수권에서 그를 꺾은 벤 존슨이 나란히 출발선에 섰다. 출발신호와 함께 10초도 안된 사이 결과는 벤 존슨의 압도적 승리로 끝났다. 9초 79의 세계신기록. 그러나 그로부터 사흘 뒤 소변검사 결과 존슨이 금지 약물을 복용한 것으로 드러나 세계를 경악시켰고 금메달은 박탈되어 칼 루이스에게 돌아갔다. 존슨은 그 후의 국제대회에서 또 금지약물 복용이 드러나 육상계에서 영구 제명되고 말았다.

4월 6일

어린 왕자, 전 세계 160여 개국에서 1억부 판매되다

4월 6일, 1943년

생텍쥐페리의 '어린 왕자' 출간

1943년 4월 6일, 미국 뉴욕에서 앙트완 드 생텍쥐페리의 소설 '어린 왕자'가 출간되었다. 마치 한 편의 동화처럼 소박하고 아름다운 이 글은 또한 우의적 함축과 예지로 가득 차 있기도 하다. 전 세계 160여 개국에서 번역돼 1억 부 이상 판매됐고 우리나라를 비롯한 세계 각 국에서 이 시간에도 계속 번역되어 팔리고 있다.

별들이 아름다운 건
눈에 보이지 않는 꽃 한 송이 때문이고,
사막이 아름다운 건
그곳 어딘가에 우물을 감추고 있기
때문이야.

로키 마르시아노, 적수가 없어 타이틀을 반납하다

9월 23일, 1952년

무패의 사내 로키 마르시아노 챔피언 등극

1952년 9월 23일 데뷔이래 단 한 번도 패한 적이 없었던 로키 마르시아노가 챔피언 조지 월코트를 쓰러뜨리고 세계 헤비급 챔피언 자리에 올랐다. 37세의 노련한 챔피언에게 1회에 다운되는 등 얻어 맞기만 하던 로키가 13회 오른쪽 카운터 한방으로 역전 KO승을 거둔 것이다. 이후 마르시아노는 49전 전승에 43KO승이라는 화려한 전적을 남기고 타이틀을 자진 반납했다. 더 이상 적수가 없어서였다. 실베스타 스탤론 주연의 '로키'도 그의 이름을 따서 제작된 영화다.

April

4월 7일

신동엽, '껍데기는 가라'를 통해 4·19 정신을 기리다

4월 7일, 1969년

시인 신동엽 사망

시대를 고민하며, 아프게 살았던 시인 신동엽이 1969년 4월 7일 사망했다. 농촌의 서정이 짙게 밴 민요적 분위기로, 민중과 민족의 삶을 노래하여, 시인 김수영과 함께 1960년대 참여문학의 대표주자로 꼽혔다.

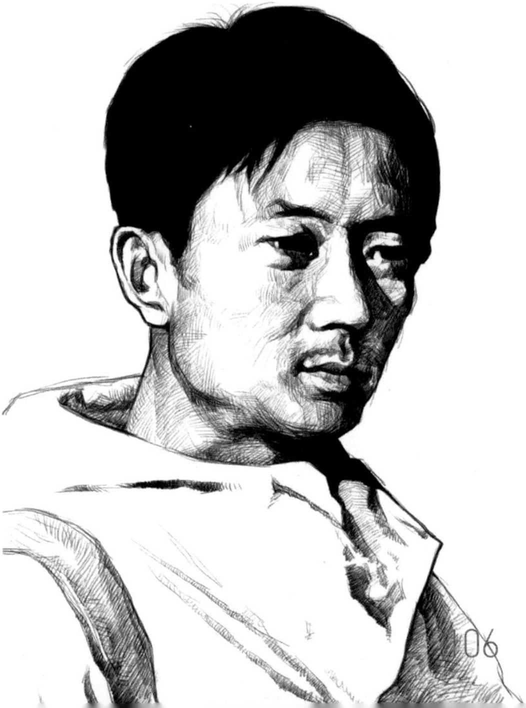

껍데기는 가라.
4월도 알맹이만 남고
껍데기는 가라.

껍데기는 가라.
동학년 곰나루의, 그 아우성만 살고
껍데기는 가라.

그리하여 다시
껍데기는 가라.
이곳에선, 두 가슴과 그 곳까지 내논
아사달 아사녀가
중립의 초례청 앞에 서서
부끄럼 빛내며
맞절할지니

껍데기는 가라.
한라에서 백두까지
향그러운 흙가슴만 남고
그, 모오든 쇠붙이는 가라.

9월 22일

아이작 스턴, 20세기 최고의 바이올리니스트

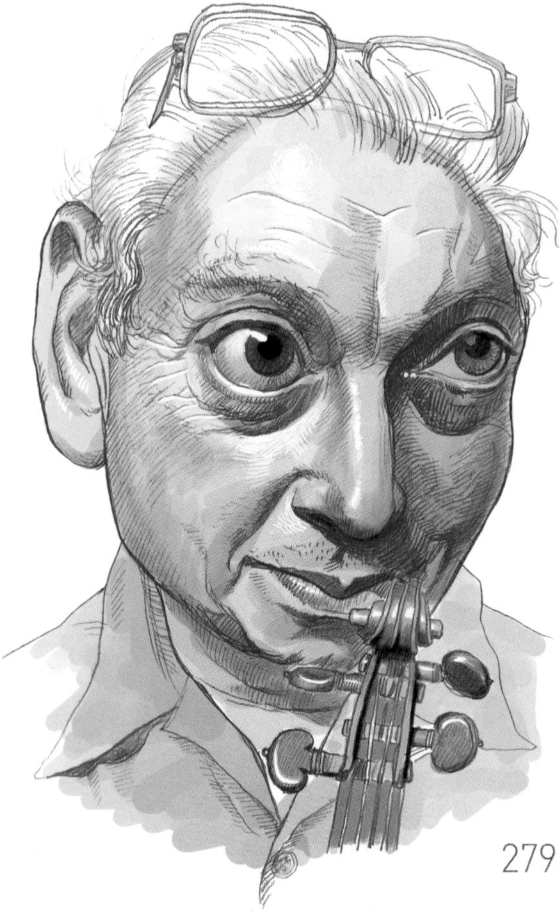

9월 22일, 1960년

'바이올린의 전설' 아이작 스턴 사망

2001년 9월 22일 세계 최고의 바이올린 연주자 중 한사람으로 평가받은 아이작 스턴이 81세의 나이에 심장병으로 숨졌다. 러시아에서 태어난 그는 1세 때 부모와 함께 미국으로 이주해 11세에 데뷔해 천재 소년으로 알려졌고 17세 때 뉴욕에서의 성공적인 연주회 후 급속히 명성을 얻었으며 28세엔 유럽무대 데뷔 후 전 세계를 순회 연주했다. 젊은 시절의 남성적이고 화려한 기교가 경력을 쌓아가며 더욱 서정적 깊이를 갖추어 20세기 최고의 바이올리니스트로 손꼽혔다. 1960년대 후반에는 재정난으로 폐쇄 위기에 처했던 카네기홀을 구해내 세계 최고의 예술의 전당으로 키웠다.

4월 8일

피카소, 입체주의 20세기 최고의 거장

4월 8일, 1973년

거장 피카소 영면하다

1973년 4월 8일, 현대미술의 거장 파블로 피카소가 91세의 나이로 사망했다. 스페인 말라가에서 태어나 일찌감치 천재화가로 이름을 날렸던 청년 피카소는 프랑스의 파리에서 '청색 시대'와 '장밋빛 시대'를 거치며 본격적인 작품 세계를 열어 나갔다. 1907년에 그린 '아비뇽의 아가씨들'로 충격적인 큐비즘의 시대를 열었던 그는 돈과 여자와 명성을 한껏 누리며 살았다. 그는 삶을 긍정했고 한 순간도 쉬지 않고 정력적으로 작업해 고대와 르네상스와 근대의 지평을 함께 그림 속에 담은 위대한 거인이었다.

9월 [redacted]1일

쇼펜하우어, 염세주의 철학을 설파하다

9월 21일, 1860년

쇼펜하우어 사망

1860년 9월21일, 독일의 염세주의 철학자 아르투르 쇼펜하우어가 72세로 세상을 떠났다. 부유한 부모 덕에 평생 풍족히 살았던 그는 괴테와 교우했고 동양학자 마이어로부터 인도 고전에 눈을 떴다. 주요저작인 '의지와 표상으로서의 세계'를 저술한 후 베를린대학 강단에 섰으나 헤겔의 압도적 명성에 밀려 사직했다. 그의 철학은 칸트의 인식론에서 출발해 피히테, 셸링, 헤겔 등의 관념론적 철학자를 공격했으나 그 역시 같은 '독일 관념론'에 속했다. 세계의 내적 본질인 맹목적 의지에서 벗어나 금욕과 예술을 통한 해탈을 주장한 그의 염세 철학은 음악이나 문학 등 예술 분야에 더욱 큰 영향을 끼쳤다.

4월 9일

미국 남북전쟁, 내분에서 미합중국의 서막을 열다

4월 9일, 1865년

미국 남북전쟁 끝나다

1865년 4월 9일, 미국 남부동맹 총사령관 로버트 리 장군이 북부군 총사령관 그랜트 장군에게 항복 문서를 전달한 후 자신의 말을 타고 떠났다. 드디어 4년간의 남북전쟁이 끝나 북군의 환호성이 터졌다. 리장군은 비록 패장이었으나 높은 명성으로 워싱턴대학 총장을 맡아 교육에 헌신했다.

Robert Lee
(1807~1870)

9월 20일

소피아 로렌, 자연미의 화신으로 미의 기준을 세우다

9월 20일, 1934년

이탈리아 여배우 소피아 로렌 출생

1934년 9월 20일, 이탈리아의 세계적인 여배우 소피아 로렌이 로마에서 태어났다. 어릴 때 나폴리로 이사해 어렵게 자란 그녀는 15세 때 미인 콩쿠르에 입상해 모델이 되고 곧 영화계의 스타가 됐다. 고향 이탈리아 출신을 끝까지 내세운 그녀는 자연 그대로의 강인하고 아름다운 여성상을 보여주었다. 로렌은 자신의 아름다운 육체에 대해 아주 겸손한 발언을 했다. "여러분들에게 보이는 이 모든 건 전부 스파게티 덕분이에요". 대표작은 '하녀' '두 여인' '해바라기' 등이 있다.

April

4월 10일

비틀즈,
리버풀의 노동자의 아들들, 팝으로 세상을 평정하다

4월 10일, 1970년

폴 매카트니 탈퇴, 비틀스 해체

1970년 4월 10일, 폴 매카트니가 솔로 앨범 발매와 함께 탈퇴를 선언하면서 비틀스가 해체됐다. 그 후 한 달이 지나 마지막 앨범 '렛 잇 비'가 발매됐는데 그들의 해체에 충격을 받은 팬들 중 6명이 비관 자살했다. 10년 후인 80년 12월 존 레넌이 그의 팬이던 마크 채프먼의 총에 맞아 사망하면서 비틀스는 전설로 남게 됐고 조지 해리슨마저 2001년 폐암으로 세상을 떠났다.

9월 19일

더 트위스트, 댄스의 역사를 바꾸다

9월 19일, 1960년

'더 트위스트' 빌보드 핫100에 진입

1960년 9월 19일 빌보드 50년 역사상 최고의 곡 순위에서 영예의 1위를 차지한 처비 체커의 '더 트위스트'가 빌보드 순위에 진입했다. 이 곡은 행크 발라드의 곡을 리메이크한 것으로 처비 체커는 삶은 감자를 밟아 비비는 모습에 착안한 댄스를 통해 전 세계에 트위스트 열풍을 일으키며 톱스타로 등극했다. 그의 활약에 힘입어 1960년부터 63년까지 트위스트 클럽은 언제나 만원이었고 그때 트위스트를 추지 않으면 시대에 뒤떨어진 사람 취급을 당했다. 처비는 뒤이어 '레츠 트위스트 어게인' 도 대히트를 시켰다.

맥아더, 한국전쟁의 영웅 물러나다

4월 11일, 1951년

맥아더 UN총사령관 해임

1951년 4월 11일, 트루먼 미국 대통령이 백악관 기자회견을 통해 더글러스 맥아더 장군을 UN군 총사령관에서 해임하고 후임에 리지웨이 중장을 임명한다고 발표했다. 한국전쟁에서 공산세력을 몰아내기 위해 만주지역에 핵 공격을 하고 일본군을 참전시 켜야 한다는 등의 주장이 트루먼의 격노를 샀기 때문이었다. 제2차 세계대전이 일어나기 전 미국을 떠났던 맥아더가 귀국하자 미국민들은 열렬히 환영했지만 노병은 군에서 사라질 수밖에 없었다.

그레타 가르보, 화려한 은막스타에서 은둔자로 살다

9월 18일, 1905년

여배우 그레타 가르보 출생

1905년 9월 18일, 스웨덴 출신의 미국 영화배우 그레타 가르보가 스톡홀름에서 태어났다. 10대 때 백화점 점원으로 일하다가 영화계에 데뷔했고 20세 되던 해 미국으로 건너가 할리우드 MGM의 인기스타가 됐다. 신비하고 종잡을 수 없는 성격, 우수를 머금은 듯한 미모로 무성영화에서 유성영화로 전환되던 시기에 은막의 여왕으로 군림했지만 36세의 나이로 은퇴한 후 뉴욕에서 은둔생활을 했다. 대표작으로 '마타하리' '크리스티나 여왕' '안나 카레니나' '춘희' 등이 있다.

4월 12일

유리 가가린, '지구는 푸른빛이었다'라는 말을 남기다

4월 12일, 1961년

유리 가가린, 최초 우주비행 성공

1961년 4월 12일, 소련의 우주비행사 유리 가가린이 인류최초의 우주여행을 성공하고 지구로 돌아왔다. 가가린은 4.75톤 무게의 소련 우주선 보스토크 1호를 타고 지구를 한 바퀴 돌고, 1시간 48분 동안 우주에 머물다 낙하산으로 귀환했는데 소련은 미.소 간 우주 탐사 대결에서 스푸트니크 인공위성의 성공에 이은 또 다른 승리라고 의기양양 환호했다. 가가린은 중위에서 소령으로 두 단계나 건너뛰었고, 레닌 훈장까지 받아 소련의 영웅으로 떠올랐는데 그가 어린시절을 보냈던 그자츠크는 이름을 아예 가가린으로 바꾸었다.

September

9월 17일

김대중, 인동초 처럼 훗날 대통령이 되다

9월 17일, 1980년

김대중, 내란음모혐의로 사형선고

1980년 9월 17일 계엄보통군법회의는 내란음모 혐의로 김대중에게 사형을 선고했다. 80년 당시 신군부가 정권을 잡는 과정에서 5.18 광주 민주화 항쟁이 '김대중 일당'의 내란음모에서 비롯된 것이라고 조작한, 이른바 '김대중 내란음모 사건'의 결론이었다. 그러나 당시 김대중이 "이 땅의 민주주의가 회복되면 먼저 죽어간 나를 위해서 정치보복이 다시는 행해지지 않도록 해 달라"고 한 법정 최후진술이 국제사회에 알려지면서 큰 반향을 불러일으키고 세계 각국 지도자와 종교인, 인권단체들의 압력으로 형은 무기와 20년형으로 연이어 감형됐고 1982년 12월 형 집행정지로 출소하여 미국으로 출국했다. 김대중 전 대통령은 임기를 마친 2003년 재심을 청구해 2004년에 이 사건에 대해 무죄를 선고받았다.

타이거 우즈, 골프의 신이 내린 천재 골퍼

4월 13일, 1997년

타이거 우즈, 마스터스 골프대회 최연소 우승

1997년 4월 13, 미국의 골프천재 타이거 우즈가 마스터스 골프대회에서 우승했다. 세계 메이저 골프대회에서의 첫 승이었다. 18언더파라는 엄청난 스코어에 2위와 12타 차의 압도적인 차이로 세계 골프역사에 새 장을 열어젖힌 것이다. 사상최초의 흑인챔피언, 사상 최고스코어, 사상 최연소 챔피언(21세), 사상 최다 점수차 우승, 사상 최장타… 아버지의 엄격한 지도로 일찌감치 '골프 신동'으로 불렸던 우즈는 3살 때 TV쇼에서 정규코스 9홀을 48타로 끝내 시청자들을 기절초풍하게 했다. 2009년 11월 성추문에 휘말려 무기한 골프 중단을 선언했다가 반년이 채 지나지 않아 PGA마스터스 대회를 통해 본격적인 복귀를 선언했다.

마리아 칼라스, 오페라의 역사를 바꾼 불멸의 디바

9월 16일, 1977년

불멸의 디바 칼라스 사망

이탈리아의 세계적인 작곡가 겸 오페라 연출가 프랑코 제피렐리는 “오페라 역사에서 기원전(B.C.)은 칼라스 이전(Before Callas)을 의미한다”고 말했다. 1977년 9월 16일 타계한 마리아 칼라스야말로 오페라의 역사를 뒤바꾼 ‘불멸의 디바’라는 뜻이다. 칼라스의 음색은 곱고 깨끗한 미성이 아니라 오히려 굵고 거칠고 사나운 ‘드라마틱 소프라노’의 전형으로 카리스마적인 연기와 노래의 화신이었다. 그러나 28세 연상의 남편 메네기니, 동성애자 영화감독 비스콘티, 선박왕 오나시스와의 사랑과 배신, 낙태, 실연으로 이어진 사생활은 칼라스의 영혼을 피폐하게 만들어 파리의 아파트에서 55세로 쓸쓸히 생을 마감하고 말았다.

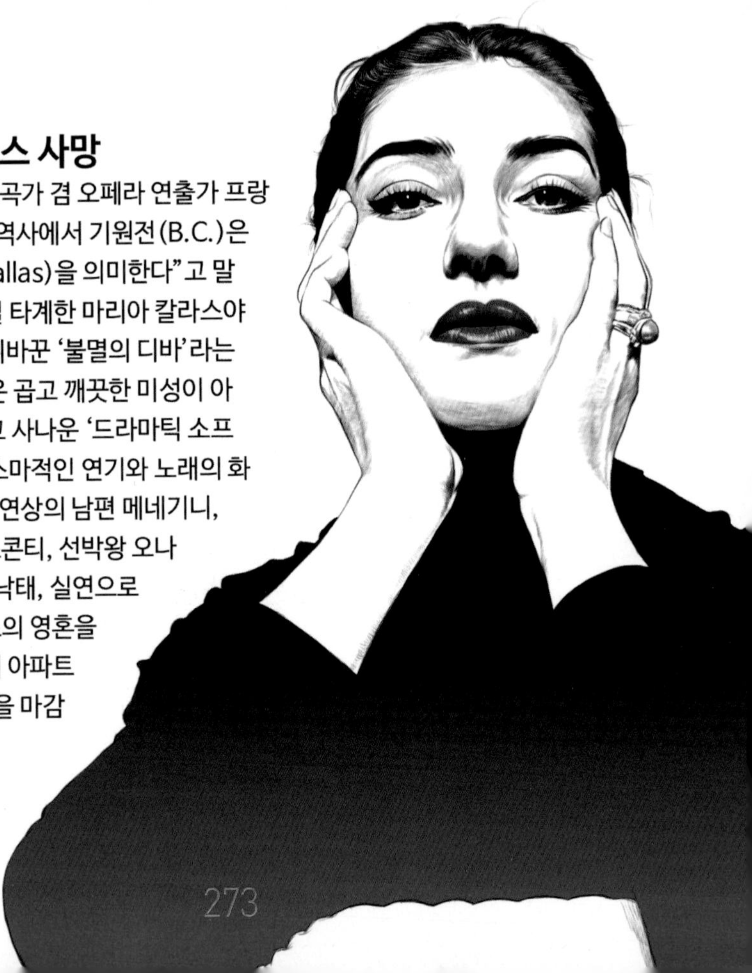

April

4월 14일

타이타닉, 사상 최고 해난 사고로 기록되다

4월 14일, 1912년

타이타닉 호 침몰

1912년 4월 14일, 세계 최대의 호화여객선 타이타닉 호가 첫 출항에서 침몰했다. 영국 사우샘프턴을 출항한지 4일 째, 타이타닉호는 22노트의 빠른 속도로 북대서양 유빙을 헤치며 미국 뉴욕을 향해 항진하고 있었다. 4만 6329톤에 배 길이만 272미터, 곧추세우면 지상의 어느 빌딩보다도 높았고 시설도 초일류 호텔 급으로 꾸며 '떠있는 궁전'으로 불렸다. 여느 때처럼 안개가 심했던 14일 밤 11시 45분쯤, 대부분의 승객이 잠자리에 들었을 때 북대서양에 떠다니던 거대한 빙산이 오른 쪽 뱃전을 들이박았고 3시간 만에 3950미터의 해저 속으로 가라앉았다. SOS를 수신한 인근 여객선이 현장에 도착했을때는 새벽 4시, 부랴부랴 771명을 구조했지만 1513명은 이미 이 세상 사람이 아니었다.

9월 15일

탱크, 연합군에게 양날의 검이 되어 돌아오다

9월 15일, 1916년

세계 최초로 탱크 전장 투입

제 1차 세계대전이 한창이던 1916년 9월 15일 새벽 프랑스 북부 솜 전선, 짙은 안개를 뚫고 영국군의 탱크 마크 1이 독일 전선을 향해 최초로 진격을 개시했다. 6~12mm 철판에 56mm 기관총으로 무장한 28톤의 탱크는 속도가 너무 느렸고 진흙탕에 빠지는 등 별다른 위력을 발휘하지 못했음에도 불구하고 독일군을 심리적으로 공포에 빠뜨렸다. 탱크 소리만 듣고도 완강하게 방어하던 독일군 진지가 일시에 붕괴되는가 하면 한 대의 탱크가 300명의 포로를 사로잡기도 했다. 뚜렷한 성과는 없었지만 이후 치열한 군비경쟁 속에 탱크는 성능이 비약적으로 발전해 '지상전의 왕자' 로 자리 잡아 세계 각국은 이 순간에도 새로운 전차 개발에 힘을 쏟고 있다.

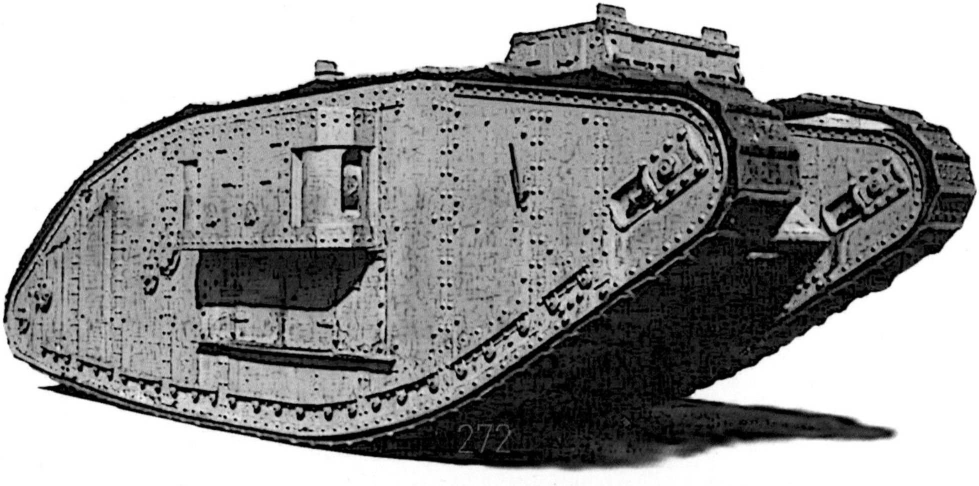

4월 15일, 1980년

실존주의자 사르트르 타계

1980년 4월 15일, 프랑스 실존주의 철학자 장 폴 사르트르가 세상을 떠났다. 그는 철학자이자 문학가요, 정치사상가 였지만 그보다 먼저 실천적 지식인이었다. 1964년에 노벨문학상 수상자로 결정되었으나 '부르주아들의 상'이라며 수상을 거부했고, 학창시절부터 연인이었던 시몬느 드 보부아르와의 동반자적 계약 결혼 역시 '부르주아 결혼'에 대한 저항의 결과였다. 두 사람은 현재 파리 몽파르나스 묘지에 나란히 묻혀있다.

황순원, '작가는 오직 작품으로만 말한다'

9월 14일, 2000년

소설가 황순원 선생 타계

한국 현대 소설사의 거목 황순원 선생이 2000년 9월 14일 85세로 타계했다. 황순원 선생은 잠든 모습 그대로 평온하게 영면에 들어갔다. 그는 마지막 순간에도 한 치의 흐트러짐을 용납하지 않았다. 생전에 '황고집'이라 불릴 정도였던 선생은 단 한 번의 곁눈질 없이 작가 정신 하나로 70년 문학인생을 걸었다. 식민과 분단, 전쟁과 독재로 점철된 격변의 시기에도 작가는 오직 작품으로만 말한다는 원칙을 꺾지 않았다. 미학적 극치를 시현한 그의 작가 정신은 그만큼 결벽에 가까웠다. 시에서 출발해 단편소설을 거쳐 장편소설에 이르는 그의 작품은 미학의 전범이 됐다. 〈소나기〉, 〈학〉 등 단편의 서정세계와 〈일월〉, 〈움직이는 성〉 등 장편의 서사적 완결성이 대표적이다.

April

4월 16일

가와바타 야스나리, 일본인 최초로 노벨문학상을 수상하다

4월 16일, 1972년

작가 가와바타 야스나리 자살

1972년 4월 16일 일본의 소설가 가와바타 야스나리가 유서도 남기지 않은 채 가스관을 입에 물고 자살했다. 가와바타는 유년기에 부모와 누이, 할머니를 잃었고 할아버지 슬하에서 자랐지만 할아버지마저 열다섯 살 때 잃었다. 그 탓에 그의 소설에선 자주 우수에 젖은 서정성과 미화된 죽음이 묻어 나온다. 1926년 반 자전적인 소설 '이즈의 무희'로 문단에 나온 가와바타는 소설 '설국'으로 1968년 일본인 최초로 노벨문학상을 수상했다.

9월 13일

로알드 달, 어린이 영화 '찰리와 초콜릿 공장'의 원작자

9월 13일, 1916년

아동소설가 로알드 달 출생

1916년 9월 13일 "가장 대담하고, 신나고, 뻔뻔스럽고, 재미있는 어린이 책"을 만든 작가로 손꼽히는 소설가 로알드 달이 웨일스에서 태어났다. 노르웨이인 부모 사이에서 태어나 영국에서 자란 달은 제2차 세계대전 당시 영국 공군의 파일럿으로 참전했고 그 뒤 25세에 쓴 '그렘린'이 큰 성공을 했다. 성인 대상의 단편 작품으로도 오 헨리에 비견되는 성공을 한 그는 세 번의 에드가 앨런 포 상을 받았다. 주요 작품으로 '제임스와 슈퍼 복숭아' '찰리와 초콜릿 공장' '마녀를 잡아라' '마틸다' 등이 유명하다.

4월 17일

이상, 27세에 요절한 그의 문학은 지금도 어렵다

4월 17일, 1937년

천재 작가 이상 요절

1937년 4월 17일, 일본 도쿄 제국대 부속병원에서 폐결핵이 악화된 시인 이상이 27세의 나이로 요절했다. 일제강점기의 문인으로 폐병의 절망을 안고 기생과 동거하며 난해한 초현실주의 시 '오감도'와 소설 '날개'를 써내 천재적 면모를 보였다. 그러나 다방과 카페 경영에 실패하고 절망 끝에 건너간 도쿄에서 "멜론이 먹고 싶다"는 마지막 말을 남긴 채 생을 접고 말았다.

September 9월 12일

세레나 윌리엄스,
흑인 남녀 통틀어 최초 메이저 우승자가 되다

9월 12일, 1999년

세레나 , US오픈테니스 우승

1999년 9월 12일 17세의 세레나 윌리엄스가 테니스 메이저대회의 새로운 여왕으로 등극했다. 세레나는 뉴욕 아서애시스타디움에서 열린 US오픈테니스 여자단식 결승에서 세계랭킹 1위인 마르티나 힝기스를 2대 0으로 누르고 우승했다. 불과 데뷔 2년 만에 딴 메이저 타이틀이었다. 이는 흑인 여성이 58년 알세아 깁슨 이후 41년 만에, 흑인 남녀 통틀어 메이저에서 우승한 역사적 사건이었다.

April

4월 18일

그레이스 켈리, 불행으로 끝난 신데렐라 스토리

4월 18일, 1956년

여배우, 왕비가 되다

1956년 4월 18일, 인기 절정의 할리우드 영화배우 그레이스 켈리가 모나코 왕자 레니에 3세와 결혼해 왕비가 되었다. 게리 쿠퍼, 클라크 게이블, 프랭크 시내트라 등 당대 최고 배우들의 구애를 뿌리친 그녀는 세계의 주목을 받으며 왕가의 면사포를 썼고 스크린에서 은퇴했다. 왕비의 신분으로 유럽의 작은 나라 모나코를 온 세상에 알리는 문화후원자로 활약한 그녀는 82년 불의의 자동차 사고로 생을 마감했고 그녀를 잃은 레니에 국왕은 평생 홀로 살다 2005년 그녀 곁에 묻혔다.

9월 11일, 1906년

간디,
비폭력 저항운동 시작

1906년 9월 11일 인도의 민족 운동 지도자인 모한다스 간디가 남아프리카공화국 요하네스버그에서 비폭력 저항운동을 시작했다. 영국 런던에서 법률을 공부하고 인도로 돌아와 변호사로 개업한 간디는 소송사건 계약으로 방문한 남아프리카공화국에서 백인들의 인종차별로 고생하는 인도인을 보면서 큰 충격을 받아 비폭력 저항운동인 '사티아그라하' 투쟁을 시작했다. 마하트마(위대한 영혼)라고 불린 그는 48년 힌두교 광신자에 의해 뉴델리에서 암살당했다.

April

4월 19일

4.19혁명, 민주주의의 첫발을 내딛다

4월 19일, 1960년

4.19 혁명 발발

1960년 4월 19일, 민중에 의한 혁명의 불길이 타올랐다. 3·15 부정선거로 재집권을 꾀한 이승만 자유당 정권의 만행에 분노한 대구와 마산의 학생, 시민들이 규탄 시위를 벌이던 중 행방불명됐던 마산상고 김주열의 시신이 머리에 최루탄이 박힌 채 바다에 떠올랐고 국민들의 분노는 부정선거를 시정하라는 전국적 시위로 이어졌으며 결국 대학교수들의 시국선언과 대통령 하야로 이어졌다.

9월 10일, 1796년

최초의 신도시 화성 완공

1796년(정조 20년) 9월 10일 유네스코 세계유산으로 지정된 우리나라 최초의 신도시 화성이 불과 2년 반의 공사로 완공됐다. 총 길이 5.7km에 이르는 화성은 다산 정약용이 정조의 명을 받아 축성의 모든 과정을 계획하고 감독해 우리나라 성곽의 백미로 꼽히는 건축물이다.

April

4월 20일

파스퇴르, 미생물학의 아버지로 불리다

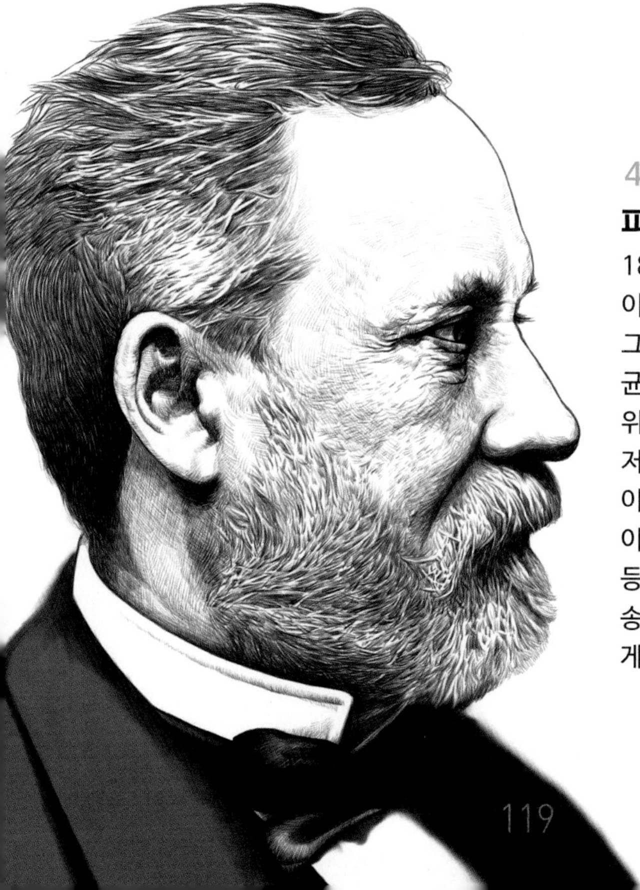

4월 20일, 1862년

파스퇴르, 저온 살균법 성공

1862년 4월 20일, 프랑스의 화학자이자 미생물학자인 루이 파스퇴르와 그의 동료 베르나르는 액체 속의 병원균과 부패균을 부분적으로 살균하기 위해 100℃이하의 온도로 가열하는 저온 살균법을 처음 실시해 성공했고 이를 파스퇴라이제이션이라 명명했다. 이 발견으로 주류의 장기 보존과 우유 등의 기본 식품을 부패 없이 장거리 운송할 수 있게 됐고 인류의 식생활은 크게 개선되었다.

9월 9일

컴퓨터 버그, IT 역사상 최초로 출현하다

9월 9일, 1945년

컴퓨터 '버그' 최초 발견

1945년 9월 9일 최초의 프로그래머 그레이스 호퍼가 하버드 대학교에서 Mark2 컴퓨터로 연구를 하던 중 컴퓨터가 오작동을 일으켰다. 기술자들이 문제를 해결하기 위해 컴퓨터 내부를 살펴본 결과 나방이 기판 사이에 갇혀 있었는데 호퍼가 이를 공개하면서 '버그(bug)'라는 용어가 알려졌다. 호퍼는 나방을 메모지 위에 테이프로 붙여 그 아래에 '사실상 버그가 발견된 최초의 사례'라고 적어 놓았는데 현재 스미스소니언 박물관에 소장돼 있다 한다. 컴퓨터 용어로 '버그'란 컴퓨터 작동을 방해하는 기계적 혹은 전자적인 결함이나 프로그램을 부호화하는 과정에서 일어나는 오류를 뜻한다.

4월 21일, BC 753년

로물루스와 레무스, 로마를 건국

"큰 바구니에 담긴 쌍동이 아이가 티베르강을 따라 떠내려 오고 있는 것을 늑대가 발견해 젖을 먹여 키웠다. 성인이 된 이들은 스스로 형은 '로물루스', 동생은 '레무스'라고 이름 지었다. 그리고 숙부의 흉계로 자기들이 버려졌음을 알게 되어 그에게 복수를 하고 둘이 힘을 합쳐 도시를 하나 건설하였다. 둘은 서로 왕이 되려고 싸우다가 형이 동생을 죽이고 자기의 이름을 따서 도시 이름을 '로마'라 명했다. 그 뒤 양심의 가책을 느낀 형은 동생이 죽은 4월 21일을 로마시의 탄생일로 정했다."

-로마의 전설

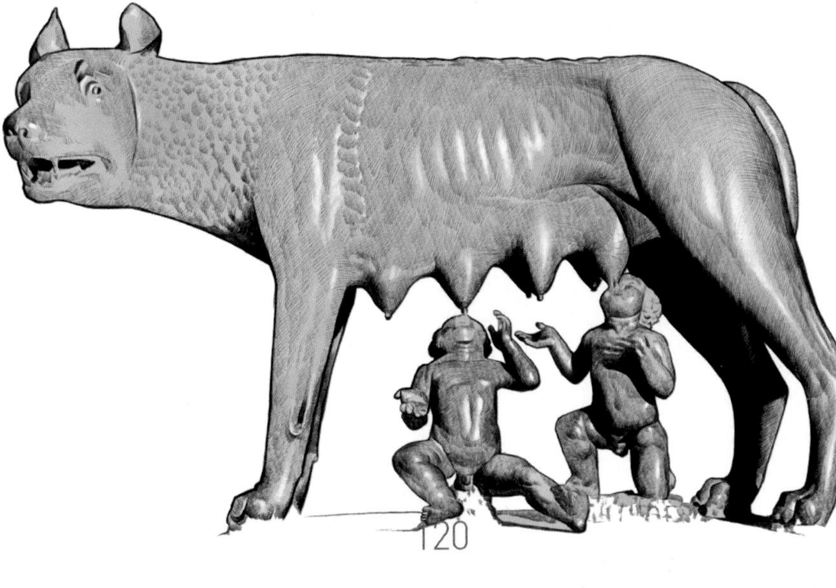

9월 8일

아폴리네르,
친구 샤갈과 술 마시고 명시 '미라보 다리'를 쓰다

9월 8일, 1911년

아폴리네르, '미라보 다리'를 노래하다

'시간이 흐르고 세월이 지나도
흐르는 시간과 떠난 사랑은 돌아오지 않고
미라보 다리 아래 센 강은 흐른다'

1911년 9월 8일 젊은 시인 기욤 아폴리네르가 파리의 감옥에서 머리를 쥐어뜯으며 고뇌하고 있었다. 전날 루브르 박물관에서 걸작 '모나리자'를 훔친 혐의로 투옥된 데다 애인 마리 로랑생이 찾아와 결별을 선언했기 때문이다. 아폴리네르는 너무 억울했다. 결국 무혐의로 풀려났지만 실연의 아픔과 주위의 냉대를 견딜 수 없었다. 친구 샤갈의 아틀리에에서 밤새 신세한탄을 하며 술을 마셨다. 해 뜰 무렵 집으로 돌아가다 센 강을 지나면서 지은 시가 바로 '미라보 다리'다. 그렇지만 그는 시보다는 미술의 신봉자였다. 초현실주의란 말을 처음 썼고 피카소, 샤갈 등과도 절친했다. '그림만이 영원토록 나를 괴롭히는 진정한 가치'라고 했다. 1차 세계대전에 참전해 다친 후 당시 대유행하던 스페인 독감에 걸려 사망했다.

4월 22일

아기공룡 둘리, 국산 캐릭터의 가능성을 열다

4월 22일, 1983년

'아기공룡 둘리' 탄생

1983년 4월 22일, 만화잡지 '보물섬'에서 '아기공룡 둘리'가 태어났다. 작가는 김수정씨. 둘리는 빙하기 때 얼음 속에 갇혀 있다가 어느 날 서울로 오게 된 초록색 아기공룡이다. 항상 혀를 반쯤 내민 어리숙한 말썽꾸러기지만 돌발 상황에선 외계인에게서 전수받은 초능력을 사용하기도 한다. 둘리는 작가가 80년대 군사정부 시절의 심의를 피하기 위해 궁여지책으로 인간대신 탄생한 동물 캐릭터다. 둘리와 더불어 고길동, 희동이, 도우너, 또치, 마이콜 등 다양한 캐릭터들이 암울했던 시절을 위로했다. 둘리는 국산 캐릭터 산업의 원조이자 수많은 창작 캐릭터들의 기폭제가 됐다.

9월 7일

리처드 1세, 빗나간 화살에 쓰러진 십자군의 '사자왕'

9월 7일, 1191년

리처드 1세, 살라딘을 격파

1191년 9월 7일 잉글랜드의 국왕 리처드 1세가 아르수프 전투에서 이슬람 군대를 크게 격파했다. 2년 전인 89년 왕위에 오른 리처드는 오직 3차 십자군원정을 이끄는 꿈에 젖어 왕국의 통치는 등한시하고 보물과 직책을 팔아 무기를 마련했고 드디어 아르수프에서 야간 총공격을 가해 살라딘의 군대를 쳐부쉈다. 이 전투에서 700명의 십자군과 수천 명의 이슬람 교도가 전사했는데 예루살렘의 탈환에는 실패했다. 리처드 1세는 용맹하고 잔혹한 성격으로 '사자심왕'으로 불리며 영웅으로 부각됐고 관대한 이슬람 전사 살라딘과 깍듯한 예의와 호감으로 평화조약을 맺었다.

4월 23일, 1954년

행크 애런, 메이저리그 첫 홈런

1954년 4월 23일, 밀워키 브레이브스 소속의 행크 애런이 세인트루이스 카디널스를 상대로 자신의 메이저리그 첫 홈런을 쳤다. 20세의 흑인 청년 애런은 20년 후 전설의 백인 홈런왕 베이브 루스의 통산 홈런 기록인 714개를 깨고 총 755개의 홈런을 쳐내게 된다. 713번째 홈런을 친 후, 백인 영웅 베이브 루스의 기록이 깨지는 걸 두려워한 인종차별주의자들이 보낸 온갖 협박편지는 오히려 그의 투지를 불태우게했다. 2007년 배리 본즈가 홈런 기록을 경신했지만 미국의 야구팬에게 홈런왕은 여전히 행크 애런으로 기억돼 있다.

9월 6일

존 돌턴, 근대 물리과학의 창시자의 한 사람

9월 6일, 1766년

원자론 창시자 돌턴 태어남

1766년 9월 6일 영국의 화학자이자 물리학자이며 근대 원자론의 창시자인 존 돌턴이 태어났다. 가난한 퀘이커 교도인 기계사의 아들로 태어나 초등학교 졸업 후, 12세에 이미 교사로 어린이를 가르치고 15세 때는 형과 함께 학교를 경영하며 수학과 과학을 가르쳤다. 기상학자로서 극광의 관찰, 색맹의 연구, 기체 압력에 대한 연구로 돌턴의 법칙을 발표했고 1803년 만물이 원자로 구성되었다는 원자설을 제창했다. 평생을 독신으로 보냈고, 열렬한 퀘이커 교도였다.

4월 24일

트로이, 신화에서 역사로

4월 24일, BC 1184년

트로이 함락

BC 1184년 오늘, 트로이가 고대 그리스 연합군에게 함락됐다. 트로이의 왕자 파리스에게 납치된 스파르타의 왕비 헬레나를 되찾기 위해 시작된 전쟁이 10년 동안 계속되었으나 결판이 나지 않자 그리스의 오디세우스가 거대한 목마를 남기고 철수하는 위장 계책을 펼쳐 마침내 왕을 죽이고 도시를 불태워 트로이를 멸망시켰다. 호머의 영웅 서사시로 전해진 신화로 취급되다가 1871년 독일의 고고학자 하인리히 슐리만이 트로이의 발굴에 성공해 역사적 사실로 확인되었다.

9월 5일

테레사 수녀, '빈자의 성녀' 하나님의 연필이 되다

9월 5일, 1997년

테레사 수녀 영면

1997년 9월 5일 평생 가난하고 병든 사람을 구호하며 봉사와 희생의 삶을 살아 '빈자의 성녀'로 추앙받은 테레사 수녀가 87세를 일기로 세상을 떠났다. 마케도니아에서 태어난 테레사 수녀(세례명 아그네스)는 아일랜드 수녀원에 들어간 뒤 인도 국적을 취득하고 캘커타 빈민가에 살면서 센트메리고교의 교사·교장을 역임했다. 1950년 '사랑의 선교회'를 설립해 마더 테레사라 불리며 평생 가난한 이와 집 없는 이, 죽어가는 사람들을 위해 헌신해 1979년 노벨평화상을 수상했다.

4월 25일

배트맨, 어둠에서 출발해서 히어로가 되다

4월 25일, 1939년

박쥐인간 '배트맨' 탄생

1939년 4월 25일, 어둠의 도시 고담에서 악의 무리를 응징하는 슈퍼 히어로 '배트맨'이 태어났다. 박쥐를 본뜬 전신 슈트와 망토, 첨단 무기로 무장한 배트맨은, 슈퍼맨으로 재미를 본 출판사 DC코믹스에서 밥 케인의 그림과 빌 핑거의 스토리로 창조됐다. 배트맨은 다른 초현실적 영웅들과 달리 초능력이 아닌 지성과 재산, 과학 기술로 악당들에게 맞서는 인간적인 영웅으로 89년 팀 버튼 감독이 영화로 제작한 이후 많은 시리즈 영화들로 인기를 끌고 있다.

9월 4일

슈바이처, 인도(人道)의 성자, 가봉에서 잠들다

9월 4일, 1965년

‘밀림의 성자’ 슈바이처 사망

천부적 재능의 파이프오르간 연주자이자 아프리카에서의 의료 활동가로 세계적인 존경을 받았던 알베르트 슈바이처가 1965년 9월 4일 90세를 일기로 사망해 가봉의 오고웨 강변에 묻혔다. 프랑스와 독일의 접경지인 알자스 지방에서 태어나 자란 그는 철학과 신학에서 박사학위를 받았지만 아프리카에서의 선교와 의료를 위해 의학을 다시 공부하고 부인과 함께 헌신적 의료 활동을 했다. 철학자로서 생명에 대한 외경과 자유주의 신학자로서 종말론을 주장했던 슈바이처는 1952년 노벨평화상을 수상했다.

April

4월 26일

최배달, 일본 극진 가라테의 창시자가 되다

4월 26일, 1994년

극진 가라테 최영의 타계

1994년 4월 26일, 극진 가라테의 창시자 최영의가 71세를 일기로 타계했다. 전북 김제 태생의 최영의는 불과 16세에 나가사키로 도일해 가라테를 배웠다. 45년 일본의 패망 후, 전설적인 무사 미야모토 무사시를 본받아 입산수도하여 극진 가라테를 창시했고 48년 전일본선수권 대회를 제패했다. 이후 일본뿐만 아니라 세계를 주유하며 실전 무도를 교육, 전파시켰다. '최배달'이라는 이름으로 더욱 익숙한 그의 극진 가라테는 세계 120여 나라에서 1400만 명이 수련하고 있다.

September

9월 3일

플래밍, 영국의 세균학자로 페니실린을 발견하다

9월 3일, 1928년

플레밍, 페니실린 발견

1928년 9월 3일 영국 런던대학에서 유행성 독감을 연구하던 미생물학자 알렉산더 플레밍 박사는 세균배양 접시에서 특이한 푸른 곰팡이를 발견했다. 다른 박테리아를 다 죽인 채 혼자 남은 이 푸른곰팡이 페니실린은 20세기 중 가장 많은 희생자를 낸 독감, 기관지염, 급성 폐렴 등의 질병 치료에 효과적으로 쓰여 사망자를 크게 줄였다. 플레밍 박사는 페니실린 농축과 정제에 성공한 옥스퍼드대학의 피오리와 체인 두 사람과 함께 1945년 노벨의학상을 받았다. 페니실린의 장점은 다른 약물들과는 달리 백혈구에 전혀 해를 끼치지 않는다는 것이다.

4월 27일

아웅산 수치, 미얀마 정치의 희망이 되다

4월 27일, 2004년

아웅산 수치 광주인권상 수상 선정

2004년 4월 27일, 미얀마 민주화운동 지도자 아웅산 수치가 제5회 광주인권상 수상자로 결정됐다. 인도의 마하트마 간디와 미국의 마틴 루터 킹의 비폭력운동에 영감을 받은 그녀는 가장 폭압적인 정권에 비폭력으로 대항해 국민적 지지를 모았고 1991년 노벨평화상을 수상했다. 20년 가까운 가택연금 상황에도 군부독재에 결연히 맞서 온 수치여사는 2015년 대선에서 미얀마 국민들에게 큰 희망의 약속이 됐다.

9월 2일

베트남 독립,
제국주의 침략을 스스로의 힘으로 물리치다

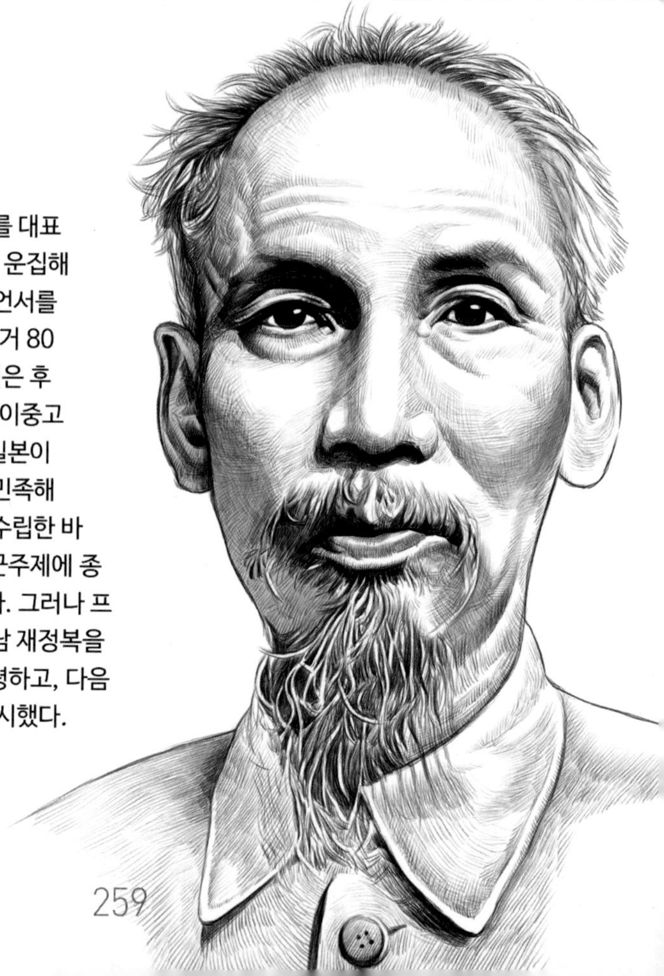

9월 2일, 1945년

베트남 독립 선언

1945년 9월 2일 베트남 임시정부를 대표하는 호치민이 50만 명의 시민들이 운집해 있는 하노이의 한 광장에서 독립선언서를 큰 소리로 읽어나갔다. 베트남은 과거 80여 년 동안의 프랑스 식민 지배를 겪은 후 1940년부터는 일본군의 침략으로 이중고에 시달려 왔다. 그러나 8월 15일 일본이 항복하자 베트민을 중심으로 하는 민족해방세력이 일제히 봉기해 일본군이 수립한 바오 다이 국왕 등 괴뢰정권을 타도, 군주제에 종지부를 찍고 민주공화제를 수립했다. 그러나 프랑스는 이것을 인정하지 않고 베트남 재정복을 목표로 1945년 10월에 남부를 점령하고, 다음해 11월에는 북부로 무력공격을 개시했다. 이것이 제1차 인도차이나 전쟁으로 발전했다.

April

4월 28일

뉴턴, 사과에서 만유인력의 법칙을 발견하다

4월 28일, 1686년

뉴턴 '프린키피아' 출판

1686년 4월 28일, 영국의 천재 물리학자 아이작 뉴턴이 자신의 역학 및 우주론에 관한 연구를 집대성한 책 '자연철학의 수학적 원리', 일명 '프린키피아'를 내놓았다. 20세 때 떨어지는 사과에서 얻은 단서에서 출발, 20여 년의 세월이 지나서야 완성한 '만유인력의 법칙'은 고전 역학의 세계를 논리적으로 체계화한 결정적인 법칙이었다. 자연은 일정한 법칙에 따라 운동하는 복잡하고 거대한 기계라고 갈파한 그의 역학적 자연관은 200년이 더 지나 양자역학이 등장하기 전까지 확고부동한 지위를 고수했다.

"나는 해변에서 예쁜 조약돌과 조개껍질을 발견하고 즐거워하는 어린 아이와 같다. 그러나 진리의 대양은 모조리 미발견인 채로 내앞에 누워있다."

September

9월 1일

카다피, 리비아를 장기 집권한 철권통치의 독재자

9월 1일, 1969년

카다피, 쿠데타로 정권 장악

1969년 9월 1일 새벽2시. 불과 27세의 카다피 대위가 이끈 군 병력이 방송국, 정부청사, 공항을 점령했다. 통신장교로서 청년자유장교단의 리더였다. 쿠데타가 성공할 수 있었던 요인은 부정부패 때문. 석유개발권이 헐값에 외국으로 넘어가고 국민의 삶은 개선되지 않는 상황이 쿠데타를 불렀다. 스스로 대령계급장을 달고 새롭게 탄생한 리비아 공화국의 혁명평의회 의장에 오른 카다피는 석유로 자원민족주의의 씨를 뿌렸다. 이후 그는 2011년까지 42년간 장기집권했지만 반정부 시위로 권좌에서 물러나 은신 중 사살돼 독재자의 처참한 최후를 맞고 말았다.

4월 29일

윤봉길, 그가 던진 도시락은 독립의 희망이었다

4월 29일, 1932년

윤봉길 의사 폭탄 투척

1932년 4월 29일, 상하이 훙커우 공원에서 대한민국의 독립운동가이자 교육자.시인인 윤봉길 의사가 일왕의 생일연 기념행사장에 폭탄을 투척했다. 물통과 도시락으로 위장한 폭탄 중 물통 폭탄을 투척해 상하이 파견군 총사령관 등 요인들 여럿을 사상케 했다. 윤의사의 쾌거에 세계가 놀랐고 중국의 장개석 총통은 "중국의 백만 대군이 못한 일을 일개 조선청년이 해냈다"고 감탄하며 대한민국 임시정부에 전폭적인 지원을 약속했다. 윤의사는 그해 12월 19일, 25세의 나이로 총살돼 순국했다.

7월
July

8월
August

9월
September

10월
October

11월
November

12월
December

히틀러, 선동정치로 전 세계를 불행에 빠트리다

4월 30일, 1945년

독재자 히틀러 음독자살

1945년 4월 30일, 제2차세계대전을 일으켰던 독일의 독재자 아돌프 히틀러가 자살했다. 나치당의 강력한 세력으로 부상한 히틀러는 1934년 대통령 파울 폰 힌덴부르크가 죽자 총통 겸 총서기로 취임해 실업자 감소, 사회보장 정책, 각종 구습 폐지 등의 혁신 정책을 실시했고 성공적인 외교 정책으로 인기가 절정에 달했다. 군부까지 장악한 히틀러는 1939년 9월 폴란드를 침공함으로써 제2차세계대전을 일으켰다. 히틀러는 이탈리아의 베니토 무솔리니와 친밀한 관계를 유지했으나, 이탈리아는 전쟁에서 패배를 거듭했고 소련과의 전쟁에서도 독일군 22만 명이 전사하거나 포로가 되는 등 실패로 끝났다. 결국 전쟁에서 패배한 히틀러는 베를린 총통 관저 지하실에서 부인 에바 브라운과 함께 음독자살했다.

다이애나, 세기의 결혼, 세기의 비극으로 끝나다

8월 31일, 1997년

다이애나 비 교통사고로 사망

1997년 8월 31일 영국의 전 왕세자빈이며 영국왕가의 승계순위 2위인 윌리엄 왕자와 3위인 해리 왕자의 어머니인 다이애나 프랜시스 스펜서가 파리에서 교통사고로 사망했다. 그녀는 1981년 찰스 왕세자와 결혼해 두 왕자를 낳았지만 찰스가 결혼 전 애인인 카밀라 파커 볼스와 다시 밀회하는 등 부부간 불화로 1996년 이혼했다. 그 후 복잡한 사생활과 많은 자선 활동 등으로 끊임없이 화제를 불러일으키다 파파라치를 피해 고속 주행하던 차가 터널에 충돌해 애인과 운전수와 함께 비극적으로 세상을 떠났다. 다이애나는 2002년 BBC에서 주최한 위대한 영국인 투표에서 3위에 선정됐다.

1월
January

2월
February

3월
March

4월
April

5월
May

6월
June

August 8월 30일

워렌 버핏, 20세기를 대표하는 투자의 귀재

8월 30일, 1930년

미국 금융투자가 버핏 출생

1930년 8월 30일 미국의 기업인이자 투자가인 워런 에드워드 버핏이 정치인 하워드 버핏과 라일라 부부의 세 자녀 중 둘째로, 네브래스카 주 오마하에서 태어났다. 2008년 포브스 지 세계 1위의 재산으로 기록된 그는 이미 자신의 재산 85%를 자선재단에 기부하겠다고 밝혔다. 버핏은 부자들의 상속세 철폐 시도에 대해 "이는 2000년 올림픽 금메달리스트 자녀들로 2020년 올림픽 팀을 뽑는 것처럼 어처구니없는 일"이라고 비판한 바 있다.

May

5월 1일

리빙스턴, 아프리카 탐험가이자 선교사

5월 1일, 1873년

영국 탐험가 리빙스턴 사망

1873년 5월 1일, 미지의 대륙 아프리카를 선구적으로 탐험한 데이비드 리빙스턴이 북로디지아 방웨울루 호수 근처에서 말라리아와 이질로 사망했다. 스코틀랜드의 노동자 가정에서 태어난 그는 방적공장에서 일하면서 독학했고 대학에서 의학과 신학을 공부해 아프리카에 의료전도사로 건너갔다. 빅토리아 폭포와 잠베지 강 등을 발견했던 그는 노예사냥 실태를 폭로해 노예무역 금지에 이바지하기도 했으나 아프리카를 유럽의 식민지로 전락시키는 첨병 역할을 했다는 비판도 있다.

다임러, 벤츠와 합병하다

8월 29일, 1885년

다임러, 오토바이 특허 획득

1885년 8월 29일 독일의 발명가 고트프리 다임러가 가솔린 엔진을 장착한 오토바이 '라이트바겐'의 특허를 얻었다. 벤츠의 자동차 발명보다 3년 앞선 일이다. 이 오토바이는 1기통에 배기량 264cc, 0.5마력 엔진으로 최고 시속 16km의 목재 자전거 형태였다.

May

5월 2일

넬슨 만델라,
인권변호사에서 최초의 유색인 출신 대통령이 되다

5월 2일, 1994년

넬슨 만델라, 대통령 당선

남아프리카공화국의 흑인 변호사 넬슨 만델라는 1944년 이래 인종격리정책인 아파르트헤이트에 대항해 흑인해방운동의 지도자로 활동했다. 잔혹한 차별 탓에 무저항주의에서 무장투쟁으로 노선을 바꿔 활동하던 중 체포돼 종신형을 선고받고 약 27년간 죄수번호 46664로 감옥생활을 했다. 93년 백인정치가 데 클레르크와 공동으로 노벨평화상을 수상한 만델라는 94년 5월 2일 남아프리카 최초의 민주 선거에서 최초의 유색인 대통령으로 당선되어 99년까지 재임했다.

8월 28일

김민기, 저항음악의 상징이 되다

8월 28일, 1970년

김민기 '아침이슬' 발표

1970년 8월 28일 대학생 김민기가 작사·작곡한 대중가요 '아침이슬'을 발표했다. 양희은의 가수 데뷔곡인 아침이슬은 유신시대 젊은이들의 큰 사랑을 받았으나 별 이유 없이 금지곡이 됐고 대학가 저항가요의 상징으로 자리 잡았다. 87년 금지곡에서 풀려났다.

긴 밤 지새우고 풀잎마다 맺힌
진주보다 더 고운 아침이슬처럼

내 맘에 설움이 알알이 맺힐 때
아침동산에 올라 작은 미소를 배운다

태양은 묘지위에 붉게 타오르고
한낮의 찌는 더위는 나의 시련일지라

나 이제 가노라 저 거친 광야에
서러움 모두 버리고 나 이제 가노라

5월 3일

대처, 여성으로서 고질적인 영국병 치유에 접근하다

5월 3일, 1979년

대처, 영국 최초 여성 총리 당선

1979년 5월 3일, '철의 여인' 마거릿 대처가 이끄는 보수당이 5년 만에 정권을 탈환하면서 영국 최초의 여성 수상이 탄생했다. 그녀는 신자유주의에 기반을 둔 과감한 시장주의 경제를 도입하여 고질적인 영국병을 치유하려고 하였다. 장기간의 석탄 노동자 파업을 진압하고 주요 국영 기업을 민영화했으며 사회 복지 혜택을 감축하였다. 정치적으로는 철저한 반공주의 정책을 폈고 EU 가입에 적대적 이었으며, 아르헨티나와의 포클랜드 전쟁을 승리로 이끌었다. 이후 영국이 안정을 찾아가자 대처는 두 번이나 더 총리에 당선되며 11년간 영국을 재정비했다. 그러나 그녀는 빈부 및 지역 격차, 제조업의 붕괴를 초래했고 영국의 경제 문제를 근본부터 치유하지 못했다는 반대자들의 비판도 있다.

8월 27일

로마의 휴일, 헵번 스타일을 유행시키다

8월 27일, 1953년

'로마의 휴일' 개봉

1953년 8월 27일 윌리엄 와일러 감독의 영화 '로마의 휴일'이 개봉됐다. 유럽에 있는 작은 왕국의 공주 앤과 미국의 신문기자 조 브래들리가 하루 동안 로마에서 만들어내는 에피소드를 극화한 로맨틱 코미디 영화다. 당시 신인이었던 헵번은 이 영화로 단숨에 '만인의 연인'이 됐다. 글래머 스타일의 여배우가 대세이던 50년대 가냘프고 청순한 여배우도 통할 수 있음을 입증했다. 이 영화의 성공으로 젊은 여성들 사이에 숏 커트가 유행하는 등 이른바 '헵번 스타일'이 탄생하기도 했다.

May

5월 4일

키스 해링,
하위문화인 낙서로 새로운 회화 양식을 선보이다

5월 4일, 키스 해링

낙서 예술가 키스 해링 출생

1958년 5월 4일, 미국의 낙서 화가 키스 해링이 미국 펜실베이니아주 레딩에서 태어났다. 그래픽 디자인을 공부한 그는 뉴욕 거리와 지하철의 낙서화에서 영감을 얻어 길거리, 지하철, 클럽 등지의 벽에 간결한 선과 강렬한 원색으로 사회성과 유머를 담아 픽토그램 형태의 낙서 예술을 퍼뜨렸고 곧 전 세계적이고 대중적인 아이콘이 됐다. 90년 해링은 에이즈로 인한 합병증으로 31세의 나이에 요절했다.

August

8월 26일

피로 물든 올림픽, 오륜기가 조기로 걸리다

8월 26일, 1972년

피로 물든 올림픽

제20회 뮌헨올림픽이 122개국 7156명의 선수가 참가한 가운데 1972년 8월 26일 개막했다. 대회 공식 모토는 '행복한 게임'. 그러나 뮌헨올림픽은 가장 불행했던 올림픽으로 기록됐다. 9월 5일 새벽 팔레스타인해방기구(PLO)의 테러 단체인 '검은 9월단' 소속 테러범 8명이 선수촌 내 이스라엘 선수단의 숙소에 잠입했다. 이들은 2명의 선수를 사살하고 9명을 인질로 잡아 이스라엘에 억류 중인 팔레스타인 게릴라 200여 명을 석방하라고 요구했다. 숨막히는 인질극은 테러범들과 서독 저격수 간의 총격전이 벌어지면서 인질 전원과 테러범 5명, 서독 요원 1명이 숨지는 비극으로 막을 내렸다. 스포츠 역사상 최악의 참사 가운데 하나인 '피의 일요일' 사건이다. 사상 처음으로 오륜기가 조기로 게양된 가운데 장례식이 치러졌고 피는 피를 불러 이스라엘의 보복으로 수백 명의 팔레스타인 인들이 살해됐다.

5월 5일

엄홍길, 세계 최초 15좌 완등의 주인공

5월 5일, 2004년

엄홍길 히말라야 15좌 등정

2004년 5월 5일, 산악인 엄홍길이 해발 8505m인 얄룽캉 등반에 성공, 세계 최초로 히말라야 8000m급 15좌 완등의 쾌거를 이룩했다. 엄홍길은 이날 오전 6시30분쯤 7800m 지점을 출발해 12시간의 산행 끝에 정상에 섰다. 얄룽캉은 히말라야 14좌 중 하나인 캉첸중가의 서쪽 위성봉이다. 그는 이듬해 8400m의 로체샤르도 등정해 다시 세계 최초로 16좌 완등에 성공했다.

August

8월 [redacted]5일

라면, 쌀을 대신한 그 이상의 대체식량

8월 25일, 1958년

인스턴트 라면 첫 선을 보이다

1958년 8월 25일 일본 닛신식품의 창업자 안도 모모후쿠가 생면을 튀겨 건조하는 방법으로 인스턴트 라면을 개발하여 '치킨 라면'을 최초로 발매했다. 안도는 밀가루 원료의 식품 개발에 실패를 거듭하다 자살을 결심한 끝에 마지막 술 한 잔을 하기 위해 들른 선술집에서 생선을 튀기는 광경을 보고 번개처럼 라면의 아이디어를 얻었다. 지금의 라면과 달리 수프가 아닌 면 자체가 맛이 나도록 개발된 치킨 라면은 대성공을 거두어 선풍적 인기를 끌었다. 조리가 간편하고 값도 상대적으로 싼 라면의 세계 소비량은 2014년 현재 1027억 개 이다. 한국은 63년 9월 삼양식품이 라면을 들여온 이래 현재 1인당 라면 소비량이 세계에서 부동의 1위를 차지하고 있다. 그러나 높은 칼로리와 화학첨가물 때문에 안전한 식품인지에 대한 논란은 계속되고 있다.

5월 6일

프로이트, 정신분석의 창시자로 인간의 욕망을 읽다

5월 6일, 1856년

정신분석학자 프로이트 출생

오스트리아의 정신과 의사이자 정신분석학의 창시자 지그문트 프로이트가 1856년 5월 6일 체코의 유대인 가정에서 태어났다. 유년 시절 오스트리아 빈으로 이주해 빈 대학에서 의학을 공부한 그는 파리에서 최면요법을 연구하고 돌아와 정신과 개인병원을 개업했다. 그는 신경증 증상들이 성적 욕망과 방어사이의 갈등이라는 주장을 했고 대표적 저서 '꿈의 해석'에서 무의식의 세계인 꿈의 분석과 인간 활동의 근본 에너지를 성욕과 본능에 근거해 설명함으로써 지지와 저항의 극단적인 격론을 불러 일으켰다.

8월 24일

폼페이, 시간이 멈춰버린 비운의 도시

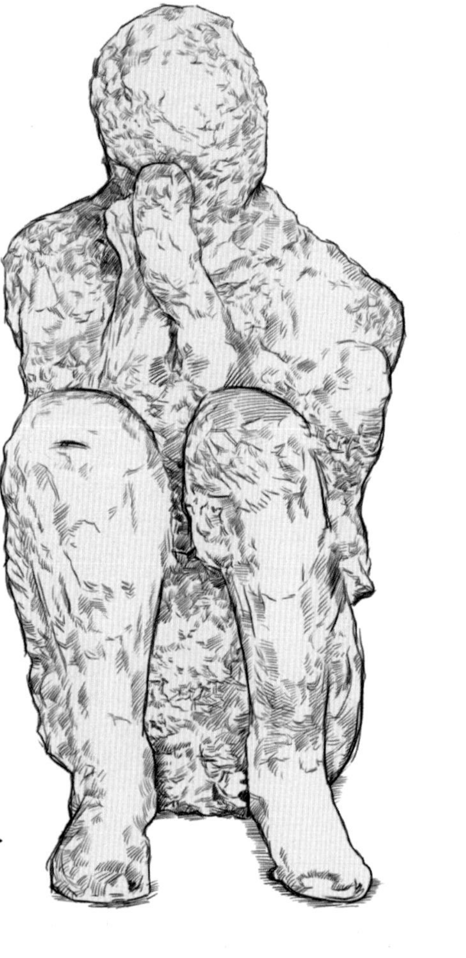

8월 24일, 79년

폼페이 최후의 날

79년 8월 24일 이탈리아 베수비오 화산이 폭발하여 인근 도시 폼페이가 한 순간에 매몰됐다. 화산재 등이 최고 높이 6m까지 쌓여 미처 피난하지 못한 주민 수천 명이 질식하여 생매장 당했다. 비극은 이튿날인 25일 아침까지 이어졌다. 게다가 막판에는 화산재가 섞인 비까지 내려, 이 돌멩이와 화산재 더미는 시멘트처럼 딱딱하게 굳어 버려 일상 생활하던 주민들의 모습이 고스란히 보존됐다. 매몰된 폼페이의 존재는 15세기까지 잊혀져있다 18세기 중반부터 발굴이 본격화해 지금까지 옛 시가의 절반 정도만이 발굴된 상태다. 전성기에 갑자기 파묻힌 폼페이는 오늘날의 우리들이 로마인들의 당시 생활을 정확하게 이해할 수 있는 중요한 자료가 되고 있을 뿐 아니라 최고의 관광지가 됐다.

두 손을 모은 채 파묻힌 사람 ▶

May

5월 7일

플라톤,
이데아설을 주장하여 이상적 관념론을 완성하다

5월 7일, 기원전 428년

철학자 플라톤 출생

기원전 428년 5월 7일, 고대 그리스의 철학자 플라톤이 태어났다. 그는 소크라테스의 제자이자 아리스토텔레스의 스승으로 알려져 있다. 그는 이데아 설을 제창하여 감각적이고 물질적인 현 세계의 현상은 본질적이고 영원한 이데아의 그림자에 불과하며 불멸의 영혼 세계인 이데아를 상기하는 것에서 진정한 인식이 얻어진다고 했다. 철학자가 국가를 통치하는 플라톤의 이상적 관념론은 아직도 깊고 강력하게 현대인의 마음속에 힘을 발휘하고 있다.

8월 23일, 1944년

일제, 여자정신대 근무령 공포

1944년 8월 23일 일본 후생성이 '여자정신 근로령'을 공포.시행했다. 12세 이상 40세 미만의 여자에게 영장을 교부해 정신대로 편성하고 여성노동력을 집중 수탈하기 시작했다. 그러나 노무에 동원한다는 내용은 표면상의 구실이었고, 군과 결탁한 매춘업자들이 이들 중 다수를 종군위안부로 투입해 일본군 성노예로 만들었다. 위안부의 대부분은 조선인과 일본인이었으며, 중국인과 동남아 각국의 여성들에 소수의 유럽인도 있었다. 제2차 세계대전이 끝날 때까지 일제가 징발해간 한국 여성은 20만여 명으로 추정된다.

May

5월 8일

뒤낭, 출생일을 적십자의 날로 기념하다

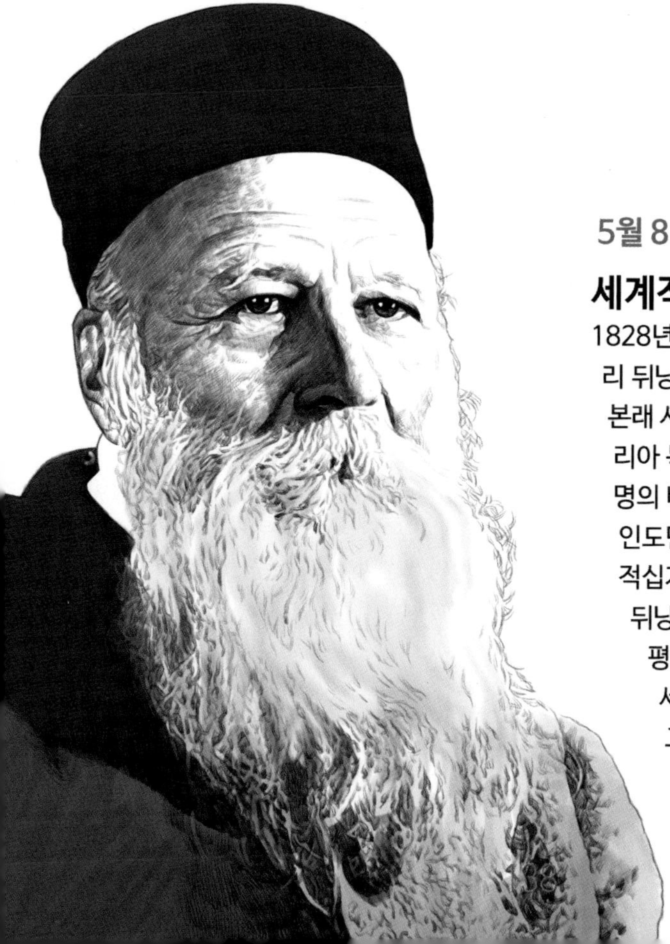

5월 8일, 1828년

세계적십자 창시자 뒤낭 탄생

1828년 5월 8일, 세계적십자 창시자 앙리 뒤낭이 스위스 제네바에서 태어났다. 본래 사업가였던 뒤낭은 28세 때 이탈리아 북부 솔페리노 전쟁터에 널린 4만 명의 비참한 사상자를 목격한 후 국제적 인도단체를 꿈꾸게 됐고 1863년 세계적십자를 창설, 적십자운동이 시작됐다. 뒤낭은 이 공로로 1901년 제1회 노벨평화상을 받았고 세계적십자는 이후 세 차례나 노벨평화상을 수상했다. 그의 생일인 오늘을 적십자의 날로 정하여 기념하고 있다.

August

8월 22일

덩샤오핑,
흑묘백묘론을 통한 실용주의 노선의 정치가

8월 22일, 1904년

중국의 덩샤오핑 출생

1904년 8월 22일 중국의 혁명가이자 정치가인 덩샤오핑이 쓰촨성의 한 부유한 농가에서 태어났다. 10대에 이미 프랑스와 러시아에 유학한 덩은 귀국 후 중국 공산당의 지하 운동을 이끌었고 마오쩌둥이 이끄는 대장정에 참여하는 등 권력의 핵심부에 있었으나 실용주의 노선이 마오와 갈등을 빚어 문화대혁명 때 실각했다. 70년대 말 복권한 그는 80년대 실질적인 최고지도자로서 중국의 개혁개방과 경제발전을 이끌었고 97년 93세를 일기로 세상을 떠났다.

May

5월 9일

노르가이, 네팔의 자부심이 된 전설의 세르파

5월 9일, 1986년

셰르파 노르가이 사망

에드먼드 힐러리와 함께 세계 최초로 에베레스트에 오른 셰르파 텐징 노르가이가 1986년 5월 9일 뇌출혈로 세상을 떠났다. 향년 71세. 티베트에서 태어나 네팔에서 자란 텐징은 셰르파로 경험을 쌓아 1953년 5월 29일, 8848m의 세계최고봉 에베레스트 정상 아래에 도착했으나 30분을 기다려 힐러리가 먼저 정상을 밟도록 도왔다. 텐징은 세계적 스타가 됐고 네팔의 자존심을 세운 영웅으로 대접받았다.

8월 21일

모나리자 도난사건, 유명세를 가져오다

8월 21일, 1911년

'모나리자' 도난사건 발생

1911년 8월 21일 파리 루브르 박물관에 소장되어 있던 그림 '모나리자'가 사라졌다. 이탈리아 출신의 루브르 박물관 전 직원 빈첸조 페루지아라는 청년이 훔쳐낸 것이다. 모나리자는 이탈리아 르네상스 시대의 천재화가 레오나르도 다빈치의 작품으로 도난 전까지는 그리 중요하게 여겨지지 않다가 도난 사건으로 유명세를 타기 시작했다. 범인은 2년 후에, 이탈리아 재산을 원래대로 되돌려 놓기 위해서였다고 범행 동기를 밝혔지만 진실은 알 수 없고 다만 모나리자는 전 세계에서 가장 유명한 명화로 대접받게 되었다.

May

5월 10일

실버스타인, 미국인이 사랑하는 아동작가

5월 10일, 1999년

작가 쉘 실버스타인 사망

1999년 5월 10일, 동화 '아낌없이 주는 나무'의 작가 쉘 실버스타인이 미국 플로리다의 자택에서 심장마비로 67세에 사망했다. 시카고 태생의 그는 작가이자 일러스트레이터, 시인, 음악가로 폭넓은 예술생활을 했다. 50년 6·25전쟁에도 참전한 그는 성인잡지 '플레이보이'에 글과 만화를 기고하면서 작가생활을 시작했는데 어린이뿐만 아니라 어른들에게도 감동을 주는 이야기책으로 유명하다. 우화 작품집 '다락방의 불빛'은 미국 학교도서관 신문 선정 최우수 작품으로 꼽혔다.

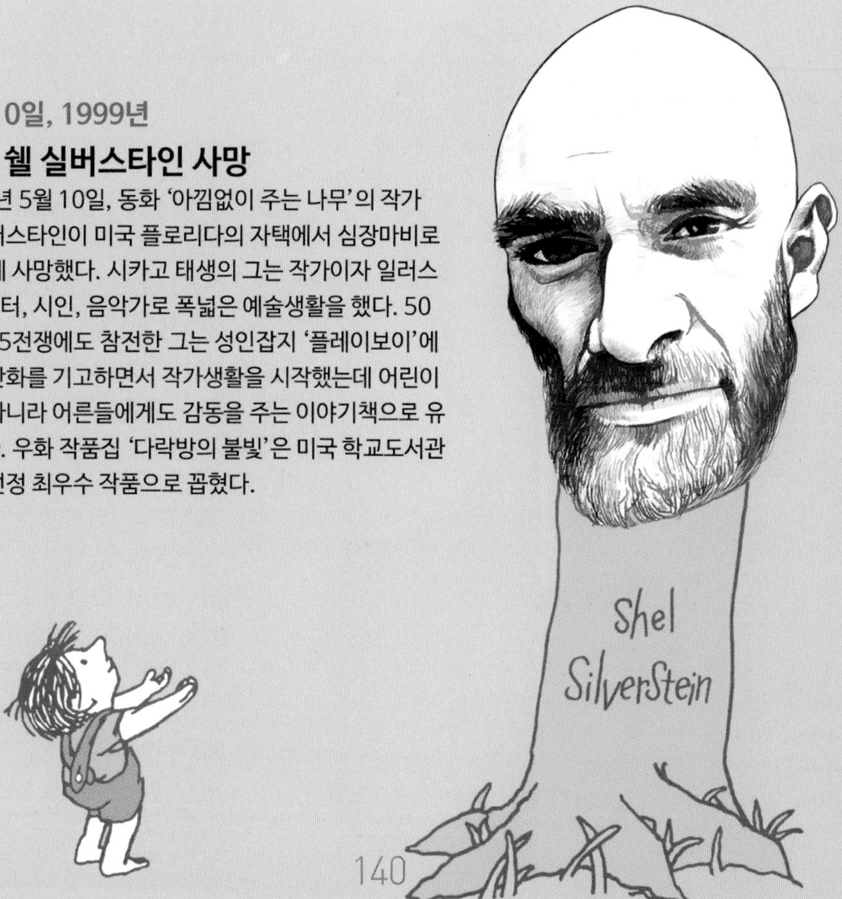

트로츠키, 스탈린에 막힌 혁명의 꿈

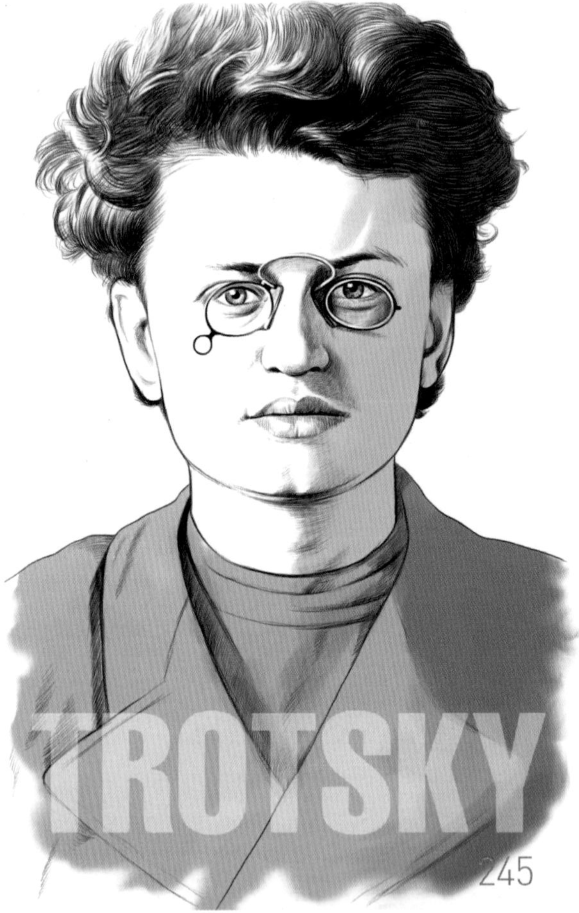

8월 20일, 1940년

러시아 혁명가 트로츠키 피살

1940년 8월 20일 러시아의 사회주의 혁명가 레온 트로츠키가 멕시코시티의 은신처에서 암살됐다. 이오시프 스탈린의 지령을 받은 자객 라몬 메르카데르가 흉기로 급습한 것이다. 트로츠키는 마르크스주의 이론가이자 볼셰비키 혁명가로 블라디미르 레닌의 가장 유력한 후계자였지만 레닌 사후 권력투쟁에서 스탈린에 밀려 추방됐다. 12년간의 유럽 망명생활 중 끊임없이 스탈린을 비판한 트로츠키는 멕시코로 옮긴 지 3년 만에 비명에 삶을 마감하고 말았다.

달리, 프로이트의 정신분석을 표현한 초현실주의 거장

5월 11일, 1904년

화가 살바도르 달리 태어나다

1904년 5월11일, 기벽과 천재성으로 유명한 초현실주의 화가 살바도르 달리가 스페인 카탈루냐의 소도시에서 태어났다. 어릴 때부터 안하무인이었던 그는 미술학교에서 퇴학당한 후 파리로 건너가 에른스트, 마그리트, 부르통 등 초현실주의 그룹과 조우했고 흐늘거리는 시계 이미지로 유명한 '기억의 연속성' 등 환영과 암시가 가득한 그림으로 세계적인 화가가 됐다. 20세기 가장 독창적인 화가로 꼽히는 달리는 살아서 최고의 영화를 누린 후 85세를 일기로 세상을 떠났다.

세계 인구 증가, 아직도 유효한 맬서스 인구론의 경고

8월 19일, 1997년

1997년 8월 19일 세계 인구 57억5천100만 명 (현재 71억 명 초과)

1997년 8월 19일 유엔통계국이 발표한 세계 인구 수치다. 1987년 7월 50억 명의 지구인이 탄생한 지 10년 만의 일이었다. 18세기 영국의 경제학자 토머스 맬서스의 '인구 폭발'에 대한 우려는 여전히 현재진행형이다. 비록 식량 생산 등 기술 진보의 위력이 맬서스의 예상을 뛰어넘었다 하더라도 2001년 세계식량계획의 발표에 따르면 기아 인구는 8억 2천600만 명에 달한다. 그 중 2억 명이 5세 이하 어린이다. 매 7초당 1명의 어린이가 굶어 죽어가고 있다. 한 통계에 따르면 환경오염 때문에 10억 명이 안심할 수 없는 물을 마시고 있다 한다. 자원 고갈과 환경오염 등에 의한 지구의 종말은 과연 피하기 힘든 일일까?

5월 12일

비스마르크, 독일 통일을 완성한 철혈 재상

5월 12일, 1871년

비스마르크, 독일제국 총리 취임

1871년 5월 12일, 보수주의자 이자 반 혁명파였던 프로이센 총리 비스마르크가 강경파로 선회하며 오스트리아와 프랑스와의 전쟁을 승리로 이끌어 프로이센 중심의 독일통일을 이룩하여 독일제국의 초대 총리로 취임했다. 그는 일찍이 프로이센 총리 시절에 "현재 문제는 언론이나 다수결이 아니라 철과 피에 의해 결정 된다" 는 정책을 밀어붙여 '철혈 재상'이라 불렸다. 그러나 비스마르크가 통일 과정에서 '철혈적'모습을 보인 것은 사실이지만 통일 이후 그는 평화적, 보수적 정책으로 전환해 젊은 황제 빌헬름 2세와의 대립으로 사임하는 1890년까지 유럽을 좌지우지 했다.

칭기즈칸, 1천년 동안 가장 위대한 정복자

8월 18일, 1227년

정복자 칭기즈칸 사망

인류역사상 가장 넓은 영토를 지닌 몽골제국을 건설한 칭기즈칸이 1227년 8월 18일 세상을 떠났다. 아명이 테무친이었던 그는 어렸을 때 아버지가 독살되고 빈곤과 배신의 어려움 속에서 자랐지만 점차 세력을 키워 20대에 이미 몽골씨족연합의 추대로 칭기즈칸이란 칭호를 받았다. 그는 인도와 중국을 비롯한 아시아뿐만 아니라 러시아와 동유럽까지 정복해 워싱턴포스트가 지난 1천년 동안 가장 위대한 역사적 인물로 선정한 최고의 정복자였다.

May

5월 13일

처칠, 낙제생에서 대영제국의 총리에 오르다

5월 13일, 1940년

처칠, 영국 총리 취임

"나에게는 피와 수고와 땀 이외에 내놓을 것이 아무것도 없습니다."

1940년 5월 13일, 윈스턴 처칠이 체임벌린의 후임으로 영국 총리에 취임했다. 처칠은 팔삭둥이 조산아로 태어나 초등학교 때는 교사로부터 제일 멍청한 소년이라는 말을 듣고, 중학교 때는 영어에서 낙제 점수를 받아 3년이나 유급했다. 결국 캠브리지나 옥스퍼드에는 입학할 수 없어 육군사관학교에 입학했지만 그는 국왕 아래 영국 최고의 자리에 올랐다. 처칠은 훗날 명문 옥스퍼드 대학의 졸업식 축사를 "포기하지 말라! 절대로, 절대로, 절대로 포기하지 말라!"라고 두 마디로 끝냈다.

볼트, 자메이카가 낳은 세계적인 스프린터

8월 17일, 2009년

볼트, 100m 세계신기록

2009년 8월 17일 독일 베를린 올림픽 스타디움에서 벌어진 제 12회 세계육상선수권대회 남자 100m 결선에서 자메이카의 우사인 볼트가 9초 58로 세계 기록을 경신하며 우승했다. 종전 기록을 무려 0.11초나 단축한 기록이다. 195cm라는 큰 키 때문에 볼트가 100m를 달리는 걸 탐탁지 않게 생각한 밀스 코치는 자메이카 200m 최고기록을 경신하면 100m를 허락한다는 내기를 했는데 볼트는 곧 자메이카 육상 영웅 돈 쿼리의 기록을 0.11초 앞당겼고 이후 2007년 7월 그리스에서 열린 육상 대회에서 처음으로 100m를 달려 우승했다.

May

5월 14일

이스라엘 건국, 중동 전쟁의 도화선이 되다

5월 14일, 1948년

이스라엘 건국 선언

'이스라엘 땅은 유대인의 탄생지다. 여기서 최초로 국가를 만들었고 책중의 책(성경)을 세계에 전했다. 우리는 이곳에 이스라엘 이라는 유대인 국가의 설립을 선언한다.' 1948년 5월 14일, 텔아비브 미술관에서 유대 국가 건국 위원회 의장 벤구리온이 이스라엘 건국을 선언했다. 제1차 세계대전 때 영국을 도운 보답으로 유대인 국가 건설을 약속받은 '밸푸어 선언'이 시오니즘에 결정적으로 힘을 보태 준 덕분이었다. 이로써 2000년에 걸친 유대인의 유랑은 끝이 났지만 졸지에 삶의 터전에서 쫓겨난 팔레스타인 주민들은 이날이 '재앙의 날'이 되어 새로운 난민이 되었고 현재까지 폭력과 보복은 끊이질 않아 이 지역은 세계의 화약고로 변해버렸다.

8월 16일

로렌스, 영국군 장교로 아랍 독립운동의 선봉에 서다

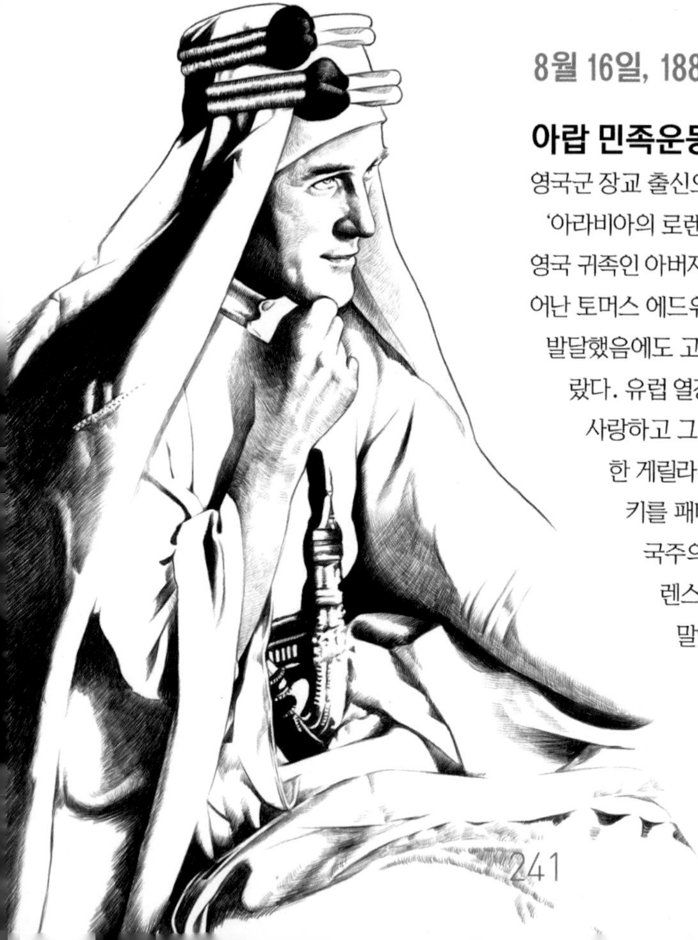

8월 16일, 1888년

아랍 민족운동의 원조자 로렌스 출생

영국군 장교 출신으로 아랍의 독립운동을 지원했던 '아라비아의 로렌스'가 1888년 8월 16일 태어났다. 영국 귀족인 아버지와 하녀였던 어머니 사이에서 태어난 토머스 에드워드 로렌스는 운동신경이 대단히 발달했음에도 고독과 사색을 즐기는 몽상가로 자랐다. 유럽 열강들의 이권 다툼 와중에 아랍을 사랑하고 그 독립을 돕기로 한 로렌스는 탁월한 게릴라전으로 전투를 승리로 이끌고 터키를 패배시켰다. 그러나 결국 아랍은 제국주의 국가들의 지배하에 편입됐고 로렌스도 오토바이 사고로 생을 마치고 말았다.

May

5월 15일

나일론 스타킹, 나일론은 별 뜻이 없다

5월 15일, 1940년

듀폰사 나일론 스타킹 최초 판매

1940년 5월 15일 아침, '실크보다 질기고 면보다 가벼우며 신축성이 뛰어난' 나일론 스타킹이 미국 전역의 백화점에서 판매되기 시작했다. 나일론 스타킹은 기존 실크 스타킹보다 2배나 비싼 1.15~1.35달러에 판매됐지만 첫날에만 500만 켤레가 팔려나갔다. 그러나 최초의 인조섬유 나일론을 개발한 월리스 흄 캐러더스 박사는 이미 3년 전에 필라델피아의 한 호텔에서 의문의 자살을 하고 말아 이러한 성공을 볼 수 없었다.

8월 [redacted]5일

육영수, 문세광의 저격에 절명하다

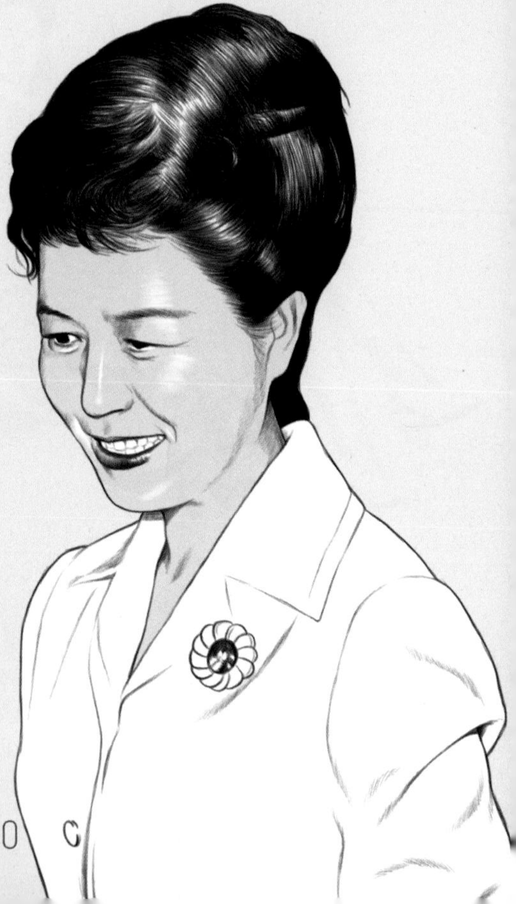

8월 15일, 1974년

육영수 영부인 피격 절명

1974년 8월 15일 광복 29주년 기념식이 거행되던 서울 국립극장에서 조총련계 재일교포 문세광이 청중석 뒤쪽에서 뛰어나와 박정희 대통령을 향해 권총을 발사했다. 박대통령은 연단 뒤로 피신해 화를 면했지만 총탄은 단상에 앉아있던 영부인 육영수 여사의 머리에 명중해 육 여사는 절명했고 합창단의 한 여학생도 유탄에 맞아 숨졌다. 북한의 지령을 받은 것으로 밝혀진 범인 문세광은 사건 128일 만에 사형이 집행됐다.

May

5월 16일

정명훈, 한국을 대표하는 지휘자

5월 16일, 1989년

정명훈, 국립바스티유오페라단 지휘자 취임

1989년 5월 16일, 세계적인 지휘자 정명훈이 파리 국립바스티유오페라단 음악총감독 겸 상임 지휘자로 취임했다. 프랑스가 혁명 200주년 기념 문화사업의 본보기로 추진한 바스티유 오페라극장은 세계 최고수준을 목표로 건립됐다. 7세 때 이미 피아니스트로 서울시교향악단과 협연했던 천재 정명훈은 이후 세계 최정상급 지휘자로 인정받게 되었다.

8월 14일, 1592년

한산도 대첩

1592년 8월 14일 전라좌수사 이순신이 이끄는 조선 함대가 한산도 앞바다의 견내량 해협에서 일본 수군대장 와키사카의 일본 대함대를 크게 격파했다. 몇 척의 판옥선으로 일본의 대군을 좁은 해협으로 유인해, 학이 날개를 펼친 모양의 학익진으로 몰아넣고 거북선으로 들이받고 일제히 총통을 쏘아 66척을 격침시키거나 불살랐다. 일본 수군을 몰살한 이 해전은 진주대첩, 행주대첩과 함께 임진왜란 3대 대첩 중 하나인 한산도대첩으로 기록되었다.

May

5월 17일

워터게이트, 닉슨 대통령을 물러나게 하다

5월 17일, 1973년

워터게이트 사건 청문회 개시

1973년 5월 17일, 미국의 대통령 리처드 닉슨의 재선을 위한 비밀공작반이 워싱턴 워터게이트 빌딩에 있는 민주당 전국위원회 본부에 침입해 도청장치를 설치하려다 발각된 사건에 대한 청문회가 개최됐다. 닉슨은 도청사건과 백악관과의 관계를 부인했으나 닉슨 정권의 선거 방해, 정치헌금의 부정, 수뢰, 탈세 등이 점차 드러났고 대통령 자신도 무마 공작에 나섰던 사실이 폭로되어 결국 이듬해 닉슨은 대통령 직을 사임했다. 임기 도중 대통령이 사임한 것은 역사상 최초의 일이었으며, 미국 역사에 커다란 오점으로 기록됐지만 의회와 최고재판소가 그 직무를 완수함으로써 민주주의의 전통이 수호되었다는 점에서 큰 의의를 남겼다.

나이팅게일, 백의의 천사, 등불을 든 천사가 되다

8월 13일, 1910년

백의의 천사 나이팅게일 사망

1910년 8월 13일 영국의 간호사이자 작가인 플로렌스 나이팅게일이 런던에서 90세를 일기로 사망했다. 유복한 집안에서 태어나 인도주의자 부모의 영향으로 의료와 간호직에 관심을 가진 나이팅게일은 크리미아 전쟁의 야전병원에서 성공회 수녀 38명과 함께 초인적인 간호봉사로 영국의 영웅이 됐다. 이후 신경쇠약증으로 투병하는 와중에도 간호학교를 설립하고 간호전문서적을 집필했던 그녀는 세상을 떠날 때 묘비에 '1820년에서 1910년까지 생존'이라는 글귀만 남기라는 유언을 했다.

5월 18일

드라큘라, 루마니아 전설이 호러 상품이 되다

5월 18일, 1897년

소설 '드라큘라' 출판

1897년 5월 18일, 고딕 호러 소설의 고전으로 오늘날까지도 꾸준히 인기를 얻고 있는 '드라큘라'가 출판됐다. 저자 브램 스토커는 아일랜드의 소설가인데 '드라큘라'는 루마니아 트란실바니아 지방의 공작 블라드 3세의 행적을 모티프로 하여 탄생한 작품이다.

…드라큘라 백작의 런던 저택 매입과 관련한 법적 문제를 처리하기 위해 트란실바니아로 찾아간 주인공 조너선은 백작의 성에서 그의 끔찍한 실체를 목격한다. 곧이어 영국에서는 기이한 사건들이 잇따라 발생하고, 그 모든 것의 배후에 드라큘라의 사악한 목적이 깔려있다는 것이 밝혀지면서 반 헬싱 박사 등과 함께 드라큘라에 맞서기 위한 치열한 전투가 시작된다…

조지 스티븐슨, 세계 최초 증기 기관차 발명가

8월 12일, 1848년

증기기관차 발명자 스티븐슨 사망

증기 기관차를 발명한 조지 스티븐슨이 1848년 8월 12일 세상을 떠났다. 그는 1781년 영국에서 태어나 아버지와 함께 탄광에서 일하면서 기관부·기관공이 되어 여러 가지 기관의 기능을 익혔다. 그 후 킬링워스 탄광에서 탄광주를 설득, 펌프를 움직이는 증기 기관을 연구해 1814년 7월 세계 최초의 증기 기관차 블루처 호를 탄광에서 항구까지 운행하는데 성공했다. 1823년 뉴캐슬에 기관차 공장을 설립하고, 1824년 스톡턴～달링턴 간의 세계 최초의 여객용 철도가 부설되어, 1825년 그의 공장에서 제작한 개량형 기관차 로커모션 호를 달리게 함으로써 철도수송의 시대를 열었다. 그 후, 1830년대부터 거의 모든 선진국에 증기철도가 건설됐다.

May 5월 19일

핼리혜성, 영국의 천문학자 핼리가 발견하다

5월 19일, 1910년

핼리혜성 76년 만에 재출현

1910년 5월 19일, 꼬리 길이가 1억 2000만km나 되는 핼리혜성이 지구 하늘에 다시 찾아왔다. 영국의 천문학자 에드먼드 핼리가 예언한 이후 세 번째의 방문이었지만 사람들은 공포에 휩싸였다. 재앙과 괴변의 조짐으로 알려진 혜성이긴 했지만 이때는 지구가 시안 화합물이 포함된 혜성 꼬리에 진입했기 때문에 더욱 종말론이 기승을 부린 탓이었다. 약삭빠른 장사꾼들은 '혜성 액땜 알약'과 '방독 마스크'를 팔았다. 급기야 공황상태에 빠져 자살하는 사람까지 생겼지만 끝내 지구엔 별 탈(?)이 없었다.

카네기, 노블레스 오블리주를 실천한 철강왕

8월 11일, 1919년

철강왕 카네기 사망

미국의 '철강왕' 앤드류 카네기가 1919년 8월 11일 세상을 떠났다. 스코틀랜드 수직공의 아들로 태어난 앤드류 카네기는 14살 되던 해 가족과 함께 미국으로 이주해 어려서부터 방적공·기관조수·전보배달원·전신기사 등의 여러 직업에 종사하다 철도회사에 취직해 근무하는 동안, 침대차회사에 투자하여 큰 이익을 얻었다. 그는 1892년 카네기 철강회사를 설립하여 미국 철강 생산의 4분의 1 이상을 차지했는데 이 회사를 모건계의 제강 회사와 합병하여 미국 철강시장의 65%를 지배하는 US 스틸회사를 탄생시켰다. 이후 "부자인 채로 죽는 것은 부끄러운 일이다"를 좌우명으로 삼아 사업일선에서 은퇴하고 자신의 재산을 털어 2,500여개에 달하는 도서관을 지어 사회에 헌납하는 등 자신이 일평생 모은 재산 3억5000만 달러 중 90%를 사회 환원, 노블레스 오블리주를 실천했다.

May

5월 20일

리바이, 작업복을 패션화시키다

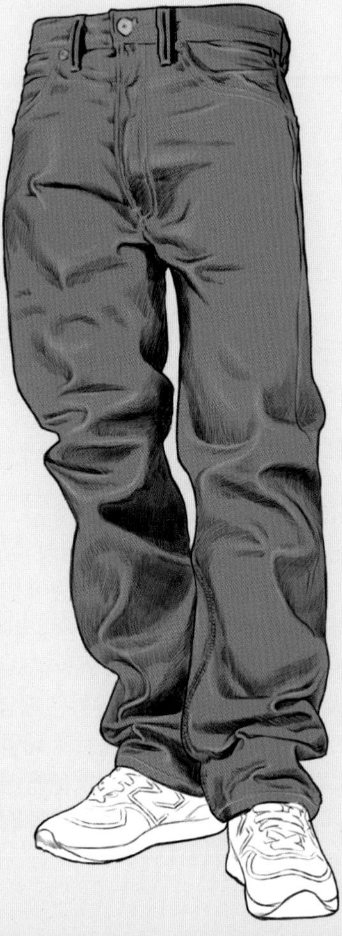

5월 20일, 1873년

리바이 스트라우스 청바지 특허

1873년 5월 20일, 미국인 리바이 스트라우스가 자신이 발명한 청바지의 특허를 받았다. 샌프란시스코 금광에서 금을 캐던 광부들의 바지가 쉽게 헤진다는데 착안한 리바이는 질긴 천막용 천으로 바지를 만들었고 광부와 카우보이들이 즐겨 입으면서 히트를 쳤다. 청바지 제조업체 리바이스(Levi's)는 청바지의 발명자 리바이 스트라우스가 설립한 회사다.

박태환,
한국 수영 최초로 남자자유형 금메달을 따다

8월 10일, 2008년

박태환, 한국 수영 첫 금메달

2008년 8월 10일 베이징올림픽 남자 수영 자유형 400m에서 한국 수영의 기린아 박태환이 금메달을 따냈다. 한국 수영이 올림픽에 도전한 지 44년 만의 첫 메달이었고 동양인으론 72년 만의 남자 자유형 금메달이었다. 자유형은 배영, 평영, 접영을 포함한 4가지 수영법 중 가장 빠르게 헤엄치는 방법으로 기술보다는 체격이나 힘이 좌우하기 때문에 서양인에게 절대적으로 유리하다고 여겨져 왔으나 박태환의 올림픽 정복이 그 통념을 통쾌히 깨트렸다.

May

5월 21일

사하로프, 반체제 인사가 된 소련의 천재 핵물리학자

5월 21일, 1921년

핵물리학자 사하로프 출생

구소련에서 '수소폭탄의 아버지'라 불린 안드레이 사하로프가 1921년 5월 21일 모스크바에서 태어났다. 그는 대학을 졸업한 지 3년 만인 24세 때 수소폭탄 제조의 이론적 문제 해명에 성공해 스탈린상과 레닌훈장 등을 수상했다. 그러나 그는 핵실험에 반대하고 스탈린 독재를 비판해 명예를 박탈당하고 국내 추방돼 러시아 반체제 지식인의 대표적 존재가 됐다. 1975년 노벨평화상을 수상했다.

황영조, 손기정을 이어 몬주익의 영웅이 되다

8월 9일, 1992년

황영조, 바르셀로나 올림픽 마라톤 우승

무더위가 한창이던 1992년 8월 9일 한국의 마라톤 선수인 황영조가 '죽음의 언덕'으로 불리는 몬주익 언덕에서 앞서 달리던 일본의 모리시타를 극적으로 따돌리고 제25회 바르셀로나 올림픽 대회의 피날레를 금메달 획득으로 장식했다. 황영조는 2시간 13분 23초의 기록으로 우승을 차지했는데 이는 올림픽 대회 마라톤 종목 사상 아시아인으로서는 2번째 우승이었으며, 1936년 오늘, 베를린 올림픽 대회에서 우승한 손기정에 이어 56년 만에 되찾은 우승이기도 했다.

5월 22일

빌 게이츠, IT 업계의 대제국을 구축하다

5월 22일, 1990년

빌 게이츠 윈도 3.0 출시

1990년 5월 22일, 하버드대를 중퇴한 빌 게이츠가 폴 앨런과 함께 공동 창업한 마이크로소프트 컴퓨터가 GUI(Graphic User Interface) 방식의 윈도를 운영체제로 한 세 번째 버전인 윈도 3.0을 발매했다. 프로그램관리자와 아이콘의 역할이 강화됐고 파일관리자를 새로 선보인 윈도 3.0은 이후 윈도용 프로그램이 대거 등장하면서 애플을 따돌리고 PC 운영체제 시장의 확고한 강자가 됐다. MS-DOS를 내놓은 지 9년 만에 마이크로소프트는 IT업계의 대제국으로 올라선다.

최승희, '동양의 무희' 북에서 처형되다

8월 8일, 1967년

'동양의 무희' 최승희 사망

1967년 8월 8일 일제강점기 세계무대에 조선춤을 알려 최고의 찬사를 받았던 무용가 최승희가 사망했다. 경성의 숙명여학교를 졸업한 그녀는 일본의 현대무용가 이시이 바쿠의 무용에 감복해 일본으로 건너가 무용을 배운 후 귀국, 최승희 무용연구소를 차렸다. 1930년대 후반부터 유럽, 미국, 남미, 중국 등지에서 순회공연을 하며 '세계적인 동양의 무희' 라는 찬사를 받았다. 광복 후 일본 위문공연의 전력을 이유로 친일시비에 휘말리자 남편 안막을 따라 월북 후 60년대에 숙청당했으나 2003년 북한에서 복권됐다.

May

5월 23일

보니와 클라이드, 미국 대공황기의 슬픈 자화상이 되다

5월 23일, 1934년

보니와 클라이드 사살

1934년 5월 23일, 미국 남부에서 1년 9개월 동안 강도 행각을 벌여 온 클라이드 배로와 그의 애인 보니 파커가 루이지애나 주의 고속도로를 질주하던 중 잠복해있던 경찰들이 무차별로 쏜 87발의 기관총 세례를 받고 즉사했다. 대공황기에 삶에 대한 희망을 상실한 채 시골 상점과 은행을 털고 사람을 살해했던 2인조 강도의 불행한 여정은 1967년 아서 펜 감독이 영화 '우리에게 내일은 없다'에서 충격적으로 되살려내 열광적인 찬사를 받았다.

8월 7일

타고르, '고요한 아침의 나라'를 연민하다

8월 7일, 1941년

인도의 문호 타고르 사망

1941년 8월 7일 시인 라빈드라나드 타고르가 세상을 떠났다. 향년 80세. 인도 캘커타의 명문가에서 태어난 타고르는 11살 때부터 시를 썼는데, 문학뿐만 아니라 여러 예술 분야와 교육에 큰 영향을 끼친 인도의 거인이었다. 인도의 독립운동에도 앞장섰던 타고르는 '신에게 바치는 송가'라는 뜻의 시집 '기탄잘리'로 동양인 최초로 노벨문학상을 받았다. 그는 또 일제 식미지 하에 신음하던 우리나라 국민에게 '동방의 불꽃'이라는 희망의 시를 전해 준 우정의 시인이었다.

May

5월 24일

코페르니쿠스, 지동설을 주장한 폴란드 천문학자

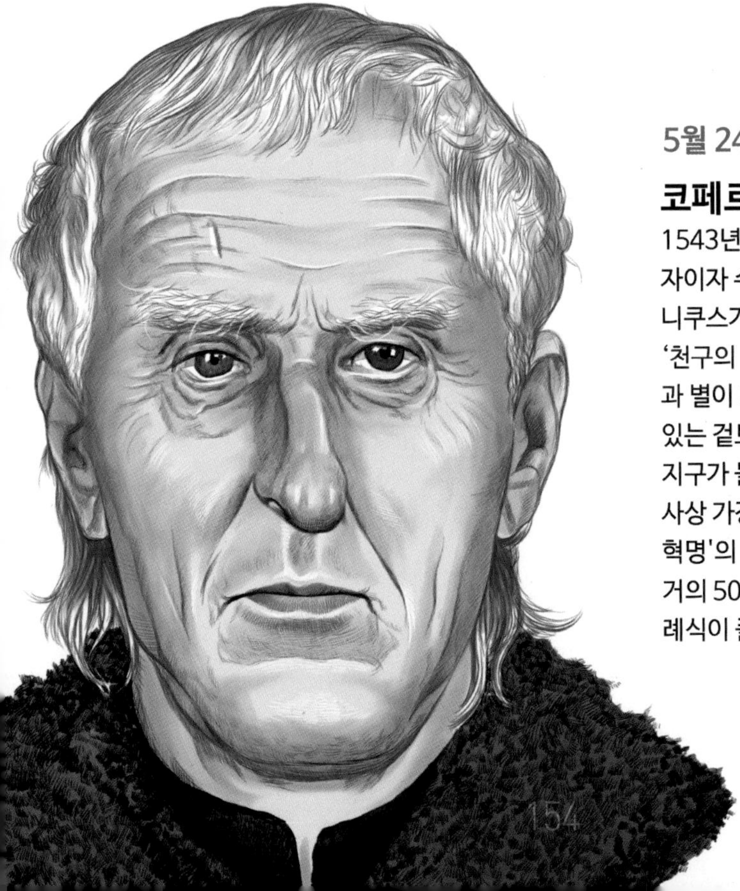

5월 24일, 1543년

코페르니쿠스 사망

1543년 5월 24일, 폴란드의 천문학자이자 수학자인 니콜라우스 코페르니쿠스가 사망했다. 그는 자신의 책 '천구의 회전에 관하여'에서 태양과 별이 지구를 중심으로 움직이고 있는 겉보기 운동과는 달리, 사실은 지구가 돌고 있다고 주장해 인류 역사상 가장 큰 변혁으로 불리는 '과학혁명'의 시작을 알렸다. 그의 사후 거의 500년 만에 유해가 발견돼 장례식이 폴란드에서 다시 치러졌다.

August

8월 6일

히로시마 원폭,
핵폭탄 투하로 2차 세계대전 종지부를 찍다

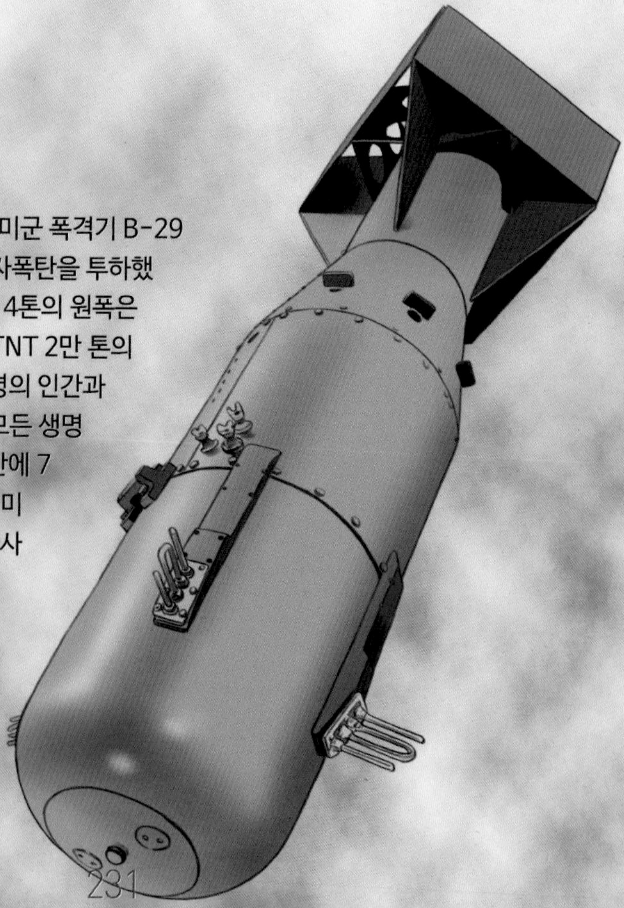

8월 6일, 1945년

히로시마 원폭 투하

1945년 8월 6일 오전 8시 15분경 미군 폭격기 B-29가 일본의 군사도시 히로시마에 원자폭탄을 투하했다. 지름 71cm, 길이 3.05m, 무게 4톤의 원폭은 '리틀 보이'라는 별명으로 불렸다. TNT 2만 톤의 위력과 맞먹는 이 폭탄으로 7만여 명의 인간과 함께 폭격중심반경 500m 이내의 모든 생명체가 현장에서 즉사했고 이후 5년 안에 7만여 명이 추가로 사망한다. 트루먼 미국대통령은 사흘 뒤인 8월 9일 나가사키에 두 번째 원폭을 떨어뜨렸고 일본의 히로히토 천황은 8월 15일 무조건 항복했다.

May

5월 25일

베이브 루스, 전설의 홈런왕

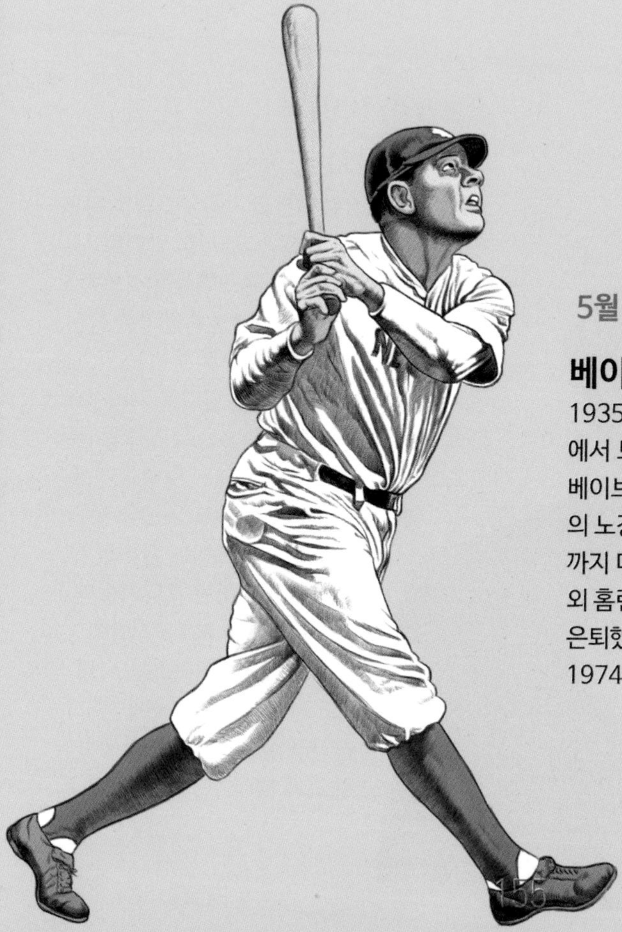

5월 25일, 1935년

베이브 루스, 714호 홈런 기록

1935년 5월 25일, 피츠버그의 포브스 구장에서 보스턴 브레이브스의 선수 겸 부단장 베이브 루스가 3개의 홈런을 때렸다. 41세의 노장 루스는 특히 마지막 3번째에 당시까지 메이저리그 사상 가장 큰 183m의 장외 홈런으로 선수 생활을 마감하고 1주일 후 은퇴했다. 714개의 홈런 기록은 39년 후인 1974년이 돼서야 행크 애런이 깰 수 있었다.

8월 5일

혼다 소이치로, 초등학교 학력으로 세계 자동차시장을 누비다

8월 5일, 1991년

혼다 소이치로 사망

1991년 8월 5일 일본의 자동차기업 혼다의 창업자 혼다 소이치로가 85세를 일기로 사망했다. 28세에 피스톤제조회사를 설립하고 48년에 오토바이를, 63년엔 승용차를 생산해 각각 세계 최고의 제품으로 올려놓은 그는 일본에서 기술개발을 통한 입지형 기업인의 대표적 인물로 손꼽힌다. 초등학교 졸업 후 도쿄의 자동차정비공장에서 일하다가 독립해 경영자가 되고서도 2~3일 동안 밤을 새며 기술 개발에 몰두하기 다반사였다. 46년 혼다기술연구소를 설립한 지 13년 만에 세계 오토바이 레이스를 석권하고 자동차대국 미국에 혼다 공장을 설립해 일본인들조차 놀라게 했다.

May

5월 26일

이사도라, 창작무용을 예술의 경지로 이끌다

5월 26일, 1877년

'맨발의 이사도라' 출생

"어머니 자궁 속에서부터 나는 춤추었다. 나를 임신했을 때 어머니가 먹은 유일한 음식은 귤과 샴페인이고 그것은 바로 아프로디테의 음식이니까." 1877년 5월 26일, 미국 샌프란시스코에서 현대무용의 개척자 이사도라 덩컨이 태어났다. 삼류무용수로 살다 22세 때 가축수송선을 타고 유럽으로 건너간 그녀는 거의 옷도 걸치지 않은 채 맨발로 춤을 춰 전통 발레에만 익숙했던 유럽에 충격을 던졌다. "내 춤의 스승은 니체"라고 말하며 인간의 영혼을 가장 자유롭게 표현하는 예술로서의 춤을 확립했던 덩컨은 예술과 사랑만을 삶의 전부로 삼았지만 아이들과 연인은 모두 그녀를 저버렸고 그녀는 1927년 친구의 스포츠카 바퀴에 스카프 끝자락이 말려들어가 숨지고 말았다.

8월 4일

안데르센, 그의 죽음에 전 국민이 복상(服喪)하다

8월 4일, 1875

'동화의 아버지' 안데르센 사망

1875년 8월 4일 '인어공주' '미운 오리 새끼' '성냥팔이 소녀'등 130여 편의 동화를 지은 덴마크 작가 한스 크리스티안 안데르센이 생을 마감했다. 가난하고 불우한 어린 시절을 보내고 10대 때 배우를 지망했으나 뜻을 이룰 수 없었던 안데르센은 코펜하겐의 왕립극장 단장인 요나스 콜린의 눈에 들어 그의 후원으로 대학 공부를 하고 작가의 길로 들어섰다. 뛰어난 상상력을 바탕으로 한 환상적인 묘사와 따뜻한 휴머니즘을 작품에서 발휘한 그는 평생 독신으로 지내며 최고의 명성을 누렸고 그의 장례식에는 전 국민이 상복을 입을 정도로 덴마크 국민의 사랑을 받았다.

May 5월 27일

장 칼뱅, 프로테스탄트교를 주창한 종교개혁가

5월 27일, 1564년

종교개혁가 장 칼뱅 사망

프랑스의 종교개혁가 장 칼뱅이 1564년 5월 27일, 스위스 제네바에서 55세의 일기로 사망했다. 20대의 젊은 시절에 법학에서 신학으로 전향한 그는 에라스무스와 루터를 인용한 이단적 강연의 초고를 썼다는 이유로 박해와 도피의 나날을 보내다가 제네바로 초빙돼 본격적인 프로테스탄트의 이념을 전파하기 시작했다. 프로테스탄트는 '(가톨릭에) 반대하는 파'라는 의미다. 그는 가톨릭교회의 미사를 폐지하고 예배를 설교 중심으로 바꾸었다. 칼뱅의 사상은 엄격한 금욕생활, 인간의 구원은 신이 미리 정해놓았다는 예정설, 근면 성실과 건전한 이윤 추구를 주장하는 세 가지로 요약된다.

8월 3일

노블레스 오블리주, 큰 힘에는 큰 책임이 따른다

8월 3일, 1346

‘노블레스 오블리주’ 탄생하다

1346년 8월3일 프랑스 칼레시가 영국에 함락됐다. 그런데 정예병력 3만 4000명이 시민 8000명을 정복하는데 11개월이 걸린 사실에 분노한 영국 왕 에드워드 3세가 주민 모두를 학살하라는 끔찍한 명령을 내렸다. 몰살의 위기에 처해 있던 이때, ‘주민 대표 여섯 명이 삭발하고 목에 밧줄을 맨 채 맨발로 처형대에 오르면 몰살을 면하게 해주겠다’는 영국 왕의 말에 부유하고 지체 높은 주민 대표 여섯 명이 다투어 죽기를 자처하고 나섰다. 이에 마음이 움직인 영국 왕이 모두를 용서하는 자비를 베풀었고 칼레의 지도층이 보여준 용기와 희생정신은 ‘고귀한 자 일수록 먼저 책임을 진다’는 ‘노블레스 오블리주’의 원형이 됐다.

May 5월 28일

PLO,
팔레스타인 아랍인들이 결성한 반이스라엘 해방조직

5월 28일, 1964년

팔레스타인 해방기구(PLO) 창설

1948년 5월, 2000년을 국토없이 유랑하던 유대인들이 이스라엘을 건국하자 기존의 거주지에서 쫓겨난 200여만 명의 팔레스타인 난민들은 대이스라엘 무장투쟁을 전개했다. 그러나 범 아랍계의 연합에도 불구하고 정규전에서 이스라엘에게 패배한 그들은 1964년 5월 28일, 게릴라 조직을 정비하여 팔레스타인 해방기구(PLO)를 창설했다. 지도자 야세르 아라파트가 PLO의 새 의장으로 선출됐고 1970년대에 각종 비행기 납치와 서방국가들에 대해 무차별 테러를 자행했다. 하지만 1988년 독립 국가를 선포하면서 대통령으로 추대된 아라파트는 내부 강경파의 반대에도 불구하고 미국이 주도하는 중동평화협상에 참여했고, 이스라엘과 가자, 예리코시의 자치 협정안에 서명했다.

8월 2일

한니발, '전략의 아버지' 카르타고 명장

8월 2일, 기원전 216

한니발, 로마군을 궤멸시키다

기원전 216년 8월 2일 이탈리아 남부 칸나에 평원에서 카르타고의 한니발 바르카스가 완벽한 포위 작전으로 로마군을 전멸시켰다. 한니발의 부대는 보병의 수가 로마의 절반에 불과했으나 로마군에 비해 질과 숫자가 앞선 기병으로 양쪽 날개를 맹공, 포위하여 6만 명의 로마군을 전사시키는 압승을 거두었다. 이 전투는 현대에도 포위섬멸전의 교본으로 남아 각국 사관학교에서 기본적으로 가르치고 있다. 그러나 한니발도 끝내 로마를 항복시키지 못하고 아프리카 본국에서 스키피오가 이끄는 로마원정군과의 자마전투에서 패배, 카르타고는 로마에 점령당하고 철저하게 유린된다.

May

5월 29일

손기정, 베를린 올림픽 마라톤 금메달리스트

5월 29일, 1912년

마라톤 선수 손기정 태어남

베를린올림픽 마라톤 금메달리스트 손기정이 1912년 5월 29일 평안북도 신의주에서 태어났다. 16세 때 중국 단둥의 회사에 취직해 신의주~압록강철교~단둥에 이르는 20여리 길을 매일 달려서 출퇴근했던 손기정은 전일본 마라톤대회에서 우승했고 1936년 제11회 베를린올림픽대회에 참가해 2시간 29분 19초의 세계신기록으로 우승했다. 그와 함께 뛰어 동메달을 딴 남승룡과 함께 시상대에 오른 손기정은 침울한 얼굴로 고개를 숙인 채 손에 든 월계수나무로 입고 있던 옷에 새겨진 일장기를 가렸다.

안네 프랑크, 히틀러의 인종주의를 고발하다

8월 1일, 1944

안네 프랑크가 마지막 일기를 쓰다

1944년 8월 1일 15세의 다정다감한 사춘기 소녀 안네가 자신의 분신처럼 여겨 '키티'란 이름까지 지어준 일기장에 마지막 일기를 남겼다. 나치 독일의 비밀경찰을 피해 책장 뒤의 은신처에서 2년 째 비참하게 살았던 프랑크 일가 4명의 일상과 심신의 성장, 어른들 세계와 전쟁에 대한 통렬한 비판 등을 꾸밈없이 담아낸 일기였다. 그러나 불과 3일 후 누군가의 밀고로 게슈타포에 끌려간 가족은 아버지 오토를 제외한 세 모녀가 죽음에 이르고 말았다.

루벤스, 바로크 회화를 완성하다

5월 30일, 1640년

화가 루벤스 사망

1640년 5월 30일, 팔의 통풍이 심장까지 번진 플랑드르의 화가 파울 루벤스가 안트웨르펜에서 향년 63세로 숨졌다. 20대에 이탈리아에서 8년간 유학한 그는 네덜란드와 벨기에 북부지역을 가리키는 플랑드르의 궁정화가가 됐고 많은 제자를 거느리면서 화려하고 장대한 예술을 펼쳤다. 외교관으로도 활약하며 전 유럽에 명성을 떨친 루벤스는 바로크 회화를 집대성한 화가로서, 보기 드물게 부와 명성을 누렸다.

7월
July

8월
August

9월
September

10월
October

11월
November

12월
December

May

5월 31일

클린트 이스트우드, 배우에서 영화감독으로 할리우드 전설이 되다

5월 31일, 1930년

클린트 이스트우드 출생

대공황의 그림자가 무겁게 드리우던 1930년 5월 31일, 미국 샌프란시스코에서 카리스마 넘치는 배우 클린트 이스트우드가 태어났다. 젊은 시절 이탈리아식 서부극인 스파게티 웨스턴의 총잡이와 매그넘 권총으로 악을 폭력으로 응징하는 더티 해리 캐릭터로 강렬한 이미지를 보여준 이스트우드는 미스테리 영화 '어둠 속에 벨이 울릴 때'로 감독의 길을 걷는다. 이후 그는 '용서받지 못한 자' '밀리언 달러 베이비' '그랜 토리노' 등을 연출하며 묵직한 주제의식과 삶의 성찰을 드러내는 영화로 할리우드의 살아있는 전설이 되고 있다.

리스트, 낭만주의 음악을 개척하다

7월 31일, 1886년

피아노의 왕자 리스트 사망

1886년 7월 31일 피아노 순회연주로 유럽을 들썩이게 했던 피아노의 천재 프란츠 리스트가 사망했다. 헝가리의 시골 라이딩에서 태어난 리스트는 체르니에게 피아노를, 살리에르에게 작곡을 배웠다. 멋진 외모와 세련된 매너로 절정의 인기를 구가했던 그는 귀족부인과의 결혼에 실패한 후 사제가 됐다. 성직자 생활 중에도 500명 이상의 후진을 기르는 한편, 사위 바그너와 베를리오즈를 도와 낭만주의 세계를 번영시켰던 리스트는 만년에 교향시 분야에 새로운 길을 개척했다.

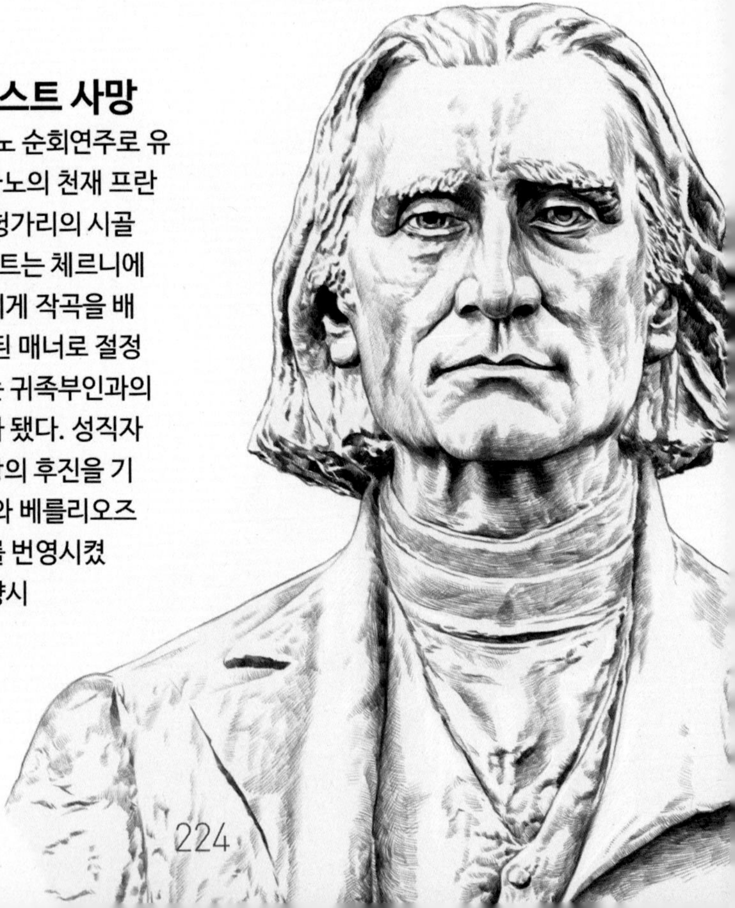

1월
January

2월
February

3월
March

4월
April

5월
May

6월
June

펭귄북스, 책의 대중화의 시작을 알리다

7월 30일, 1935년

‘펭귄북스’ 첫선

1935년 7월 30일 문고본의 대명사인 ‘펭귄북스’가 영국에서 첫선을 보였다. 어니스트 헤밍웨이의 ‘무기여 잘 있거라’, 아가사 크리스티의 ‘스타일즈 저택의 미스터리’ 등 10권이 첫 시리즈로 나왔다. 가격은 당시 담배 한 갑 가격이던 6펜스. 펭귄북스는 현대적인 의미에서 ‘페이퍼백’(종이 표지에다 본문도 중질지 이하의 용지를 쓰는 보급판)의 시초로 꼽힌다. 출판사의 상징은 ‘기품이 있되 경망스러운’ 펭귄이 낙점됐다. 펭귄북스는 첫선을 보인 지 1년 만에 300만부가 팔리면서 ‘페이퍼백 혁명’을 불러일으켰다.

June 6월 1일

헬렌 켈러, 그녀의 소망은 '3일만 볼 수 있다면'

6월 1일, 1968년

기적의 여인 헬렌 켈러 사망

1968년 6월 1일, 보지도 듣지도 못했던 장애를 극복하고 장애자와 소외자 들의 권익 향상에 앞장섰던, 미국의 작가 겸 사회사업가 헬렌 켈러가 사망했다. 생후 19개월에 뇌막염으로 시각과 청각을 잃은 채 살던 헬렌 켈러는 7세 때 가정교사 앤 설리번을 만나 가르침을 받기 시작했다. 손바닥에 사물의 철자를 써 연상시키는 방식의 교육은 헬렌 켈러의 대학생활까지 줄곧 이어져 덕분에 헬렌은 레드클리프 대학에서 최초로 학사학위를 받은 시청각 장애인이 되었다. 그녀는 독일어를 비롯해 5개국의 언어를 구사했다고 한다. 앤 설리번의 인내와 사랑으로 장애를 극복한 헬렌은 진보적 사회운동을 실천하는 사회주의 지식인이 되어 자본주의와 인종차별 등 미국의 정책을 신랄하게 비판했다. 헬렌의 유해는 영원한 동반자였던 앤 설리번의 곁에 묻혔다.

톨킨, 절대 반지로 '반지의 제왕'이 되다

7월 29일, 1954년

톨킨의 '반지 원정대' 출간

1954년 7월 29일 영국의 언어학 교수이자 작가인 존 로널드 루엘 톨킨이 쓴 '반지의 제왕' 3부작 중 첫째 권인 '반지 원정대'가 출간됐다. '반지의 제왕'은 톨킨이 자신의 아이들에게 읽어주려 쓴 '호빗'의 속편으로 호빗족 프로도가 마법사 간달프의 인도아래 요정과 난쟁이와 인간의 연합군인 반지 원정대를 이끌어 절대반지를 파괴하는 여정을 그리고 있다. 2부와 3부의 제목은 각각 '두개의 탑'과 '왕의 귀환'이다. '반지의 제왕' 시리즈는 CS루이스의 '나니아 연대기'와 어슐러 르귄의 '어스시 시리즈'와 함께 세계 3대 판타지 소설로 꼽힌다.

6월 2일

루 게릭, 비운의 야구 천재, 루 게릭병으로 쓰러지다

6월 2일, 1941년

영원한 4번 루 게릭 사망

1941년 6월 2일, 미국 메이저리그 야구 뉴욕 양키스의 루 게릭이 37세로 사망했다. 루는 보스턴 레드삭스에서 이적해 온 베이브 루스와 함께 '살인 타선'을 이루었고 14년 동안 2130경기 연속출장 기록을 세워 '철마'란 별명을 얻을 정도로 정교하고 힘 있는 타격을 보여준 강타자였다. 그러나 그는 35세에 근육이 점점 힘을 잃어가는 근위축성 측색 경화증으로 은퇴하여 불과 2년 후 사망한다. 훗날 이 병은 그의 이름을 따서 '루 게릭'병이라는 별칭이 붙었다. 양키스 구단은 그의 등번호 4번을 영구 결번으로 지정했다.

July

7월 28일

감자, 에스파냐 탐험가 피사로가 식용으로 처음 먹다

7월 28일, 1586년

북미산 감자, 유럽 상륙

1586년 7월 28일 영국 폴리머스항. 신대륙에서 막 돌아온 프랜시스 드레이크 선단이 북미산 감자를 풀었다. 영국의 수학자이자 천문학자인 토머스 해리엇이 북미 로노크섬 식민지에서 담배와 함께 채집한 원주민들의 작물이었다. 아일랜드에 대규모 농장을 소유하고 있던, 엘리자베스 여왕의 총신 월터 롤리 경 덕분에 빠른 속도로 퍼져나갔다. 일부 귀족들은 감자를 '땅 속에서 나는 악마의 음식, 천한 식품'으로 여겼지만 척박한 토양에서도 잘 자라는 장점 때문에 각국으로 퍼져나갔다. 17세기 이후 유럽 인구의 급증이 감자 덕분이라는 견해도 있다. 감자 뿌리가 썩는 식물전염병 탓에 감자대기근이 휩쓸 무렵 아일랜드에서는 인구의 절반 이상이 일 년 중 10개월은 감자로 연명할 정도였다.

June

6월 3일

프란츠 카프카, 실존주의 문학의 선구자

6월 3일, 1924년

소설가 프란츠 카프카 사망

1924년 6월 3일 체코 출신의 소설가 프란츠 카프카가 빈 교외의 킬링 요양원에서 폐결핵으로 사망했다. 이때 나이 41세. 프라하의 유태인 가정에서 태어난 그는 프라하 대학에서 법학을 공부했지만 문학에 대한 열정을 감출 수 없었다. 그의 작품은 독일어 산문 문학 중 가장 명료하고 아름다운 것으로 평가받고 있다. 인간의 부조리와 인간존재의 불안 등을 날카롭게 통찰해 현대 인간의 실존적 체험을 극한에 가깝게 표현한 그의 작품들은 사르트르와 카뮈에 의해 실존주의 문학의 선구자로 높이 평가받았다. 소련공산당은 '절망과 불안을 조장하는 부르주아 퇴폐 반동 작가'라는 이유를 들어 그의 작품을 오랫동안 금기시했으나 1964년 해금됐다. 그의 작품으로는 장편소설 '성', 중편 '변신', 미완성 장편 '심판' 등이 있다.

자토페크, '인간기관차'로 불린 마라톤의 대명사

7월 27일, 1952년

'인간기관차' 자토페크 1만m 우승

1952년 7월 27일 제15회 헬싱키 올림픽 1만m 경기에서 체코슬로바키아의 육군 육상선수 에밀 자토페크가 29분 17초로 우승했다. 4일 뒤 5천m 트랙에서도 우승, 또 3일 뒤인 올림픽 마지막 날 마라톤에서도 1위를 차지해 육상 3관왕으로 헬싱키의 영웅이 됐다. 놀라운 것은 마라톤은 자토페크가 처음 도전하는 종목이었다는 사실이다. 그는 평소 군인답게 완전군장으로 산악구보를 하며 달리기 실력을 쌓았는데, 68년 '프라하의 봄' 때는 소련의 압제에 맞서 싸우다 육군 육상코치 자리에서 쫓겨나기도 했다.

June

6월 4일

카사노바,
희대의 엽색꾼 성 불구로 쓸쓸한 말년이 되다

6월 4일, 1798년

카사노바 사망

1798년 6월 4일 베니스 출신의 쾌락주의자 조반니 자코모 카사노바가 체코의 둑스성에서 73세로 숨졌다. 죽기 전 탈고한 자서전은 노골적인 애정 묘사로 생전에 출간되지 못했다. 18세에 법학박사가 됐고 40여 권의 저서를 남길 정도로 박식했던 카사노바. 전 유럽을 돌아다니며 100명이 넘는 여성과 위험한 유희를 벌였던 그는 자서전 서문에서 "나는 느낀다. 고로 존재한다"는 여성관을 피력했다.

July

7월 26일

에바 페론, 신데렐라처럼 짧은 생을 살다 가다

7월 26일, 1952년

'에비타', 에바 페론 사망

1952년 7월 26일 사생아로 태어나 밑바닥 인생을 전전한 끝에 27세 라는 세계 최연소 나이로 영부인 자리까지 올랐던 에바 페론이 33세의 젊은 나이에 백혈병과 자궁암으로 죽었다. 유랑극단의 3류 배우, 나이트클럽의 무명댄서였던 에바가 24세나 나이 차가 나는 육군 대령 후안 페론을 만나면서 인생의 새로운 전환점을 맞았다. 남편 페론이 대통령에 취임하자 아예 노동부 건물에 사무실을 차리고 노동자들의 요구에 귀를 기울였고 하층민에게는 병원, 고아원, 학교를 지어주며 폭발적인 인기를 끌었지만 정적들 눈엔 전형적인 포퓰리즘에 불과해 한쪽에서는 성녀, 반대편에선 악녀였다. 에바 사후, 아르헨티나는 곪았던 환부가 터지기 시작해 회복하기 힘든 혼란으로 빠져들었다.

June

6월 5일

오 헨리, 단편문학의 문학성을 보여주다

6월 5일, 1910년

작가 오 헨리 사망

따뜻한 유머와 깊은 페이소스, 그리고 의외의 결말로 독자의 의표를 찔렀던 '마지막 잎새'의 작가 오 헨리가 1910년 6월 5일 뉴욕에서 간경화증으로 48세의 나이에 세상을 떠났다. 어려서 양친을 잃어 학교교육을 제대로 받지 못한 채 갖가지 직업을 경험한 그는 주간지와 지방신문에서 문필생활을 시작했으나 공금횡령 혐의로 남미로 도망갔다가 아내의 중환 소식에 돌아와 감옥에 갔다. 감옥 생활 중에 단편소설을 쓰기 시작해 석방 후 10년 간 300편 가까운 작품을 발표해 최고의 인기작가가 됐다.

7월 25일

퀴리 부부, 마리 퀴리, 최초의 여성 노벨화학상 수상자가 되다

7월 25일, 1895년

퀴리 부부, 결혼식 후 자전거로 신혼여행

폴란드에서 태어나 고교시절부터 가정교사를 하며 대학 학자금을 모은 마리 퀴리는 프랑스 소르본느 대학 물리학과를 수석 졸업했다. 1895년 7월 25일 28세의 마리 퀴리와 35세의 피에르 퀴리가 결혼 후 자전거로 신혼여행을 떠났다. 과학에 대한 열정 외에는 아무것도 없었던 가난한 신혼부부는 마리의 사촌이 결혼 선물로 준 자전거가 전 재산이었다. 두 사람은 8년 후 노벨물리학상을 받았고 피에르가 사고로 세상을 뜬 후 연구를 계속한 마리 퀴리는 1911년 노벨화학상을 수상했다.

6월 6일

마릴린 몬로, 고아에서 세기의 섹스심벌이 되다

6월 6일, 1965년

'7년만의 외출' 개봉

1965년 6월 6일 뉴욕에서 마릴린 몬로 주연의 영화 '7년만의 외출'이 개봉됐다. 이 영화의 감독 빌리 와일러는 몬로의 매력을 '육체의 충격'이라고 표현했다.

지하철 통풍구에서 회오리쳐 올라오는 바람에 들추어져 날렸던 몬로의 흰 드레스는 2011년 460만 달러에 팔렸다.

7월 24일

뒤마, 3부자가 이름을 날리다

7월 24일, 1802년

'삼총사'의 작가 뒤마 출생

1802년 7월 24일 북프랑스 빌레르 코트레에서 소설가 알렉상드르 뒤마가 태어났다. 어릴 때 나폴레옹의 장군이었던 아버지를 잃고 불우하게 자랐지만 방대한 독서로 교양을 쌓아 연극 희곡으로 큰 인기를 얻었다. 그 뒤 역사 소설을 신문에 연재하면서 개성 넘치는 캐릭터와 다채로운 상황묘사 등 천부적인 수완으로 '삼총사' '철가면' '몽테크리스토 백작' 같이 오늘날까지도 전 세계적으로 인기를 유지하고 있는 소설을 써냈다.

6월 7일

마르코니,
아마추어 발명가 '무선의 아버지' 노벨상을 타다

6월 7일, 1895년

마르코니, 무선통신 성공

1895년 6월 7일, 이탈리아의 아마추어 발명가 굴리엘모 마르코니가 집에서 3.2km 떨어진 곳에 전선도 없이 전파신호를 전송하는데 성공했다. 그로부터 불과 5년 뒤에 27세의 마르코니는 대서양을 가로질러 영국에서 캐나다까지 무선으로 문자를 보내게 된다. 당시 과학자들은 지구는 둥글고 전파는 직진하기 때문에 무선통신은 불가능하다고 생각했지만 둥근 대기 상층부에 전파를 반사시켜 주는 전리층이 있어 전파가 전달될 수 있었던 것이다. 마르코니는 무선통신의 발명으로 1909년 노벨 물리학상을 탔지만 전리층은 그의 실험 후 20년이 지나서야 발견됐으니 그는 '자신의 업적에 대해 이론적으로 가장 적게 이해하고 성공한 발명가'로 역사에 남았다. 오늘날 우리는 휴대전화와 무선인터넷, GPS 등 숱한 무선통신에 둘러싸여 있다.

July

7월 23일

포경 전면 금지. 고래 잡지 마라, 일본!

7월 23일, 1982년

포경전면금지 결정

1982년 7월 23일 국제포경위원회(IWC)가 1986년 이후 상업포경을 전면금지 하기로 결정했다. 1972년 스톡홀름 유엔 인간환경회의가 '고래가 멸종 위기에 처해있다'며 10년간 포경 금지를 요청하자 10년간의 갑론을박 끝에 내려진 결정이었다. IWC는 당초에는 고래를 관리해 계속 잡아나가려는 취지에서 1946년 설립됐지만 당시 무분별한 포경으로 고래 자원의 감소 징후가 뚜렷해지자 '이래서는 안 되겠다' 는 국제적인 공감대가 형성됐기 때문이다.

6월 8일

조지 오웰,
'1984'로 전체주의 사회의 공포를 예견하다

6월 8일, 1949년

오웰 '1984년' 출간

1949년 6월 8일 영국의 소설가 조지 오웰의 장편소설 '1984년'이 런던에서 출간됐다. 극단적 전체주의 사회의 독재자 '빅 브라더'가 온갖 정보기술을 동원해 국민의 사생활을 감시하고 사회를 통제하는 디스토피아의 세계를 그리고 있다. 공산주의 와 나치즘의 제도에서 소재를 인용한 이 작품은 때마침 냉전의 분위기를 타고서 출판 후 1년 사이에 영국과 미국에서만 약 40만 부가 팔렸으며, 세계 각국에서 번역 출간되었다. 마치 예언이라도 한 것처럼 현대 사회의 발전과정과 그 속성을 꿰뚫고 있었으며 한 발짝 앞서 시대와 함께 숨 쉬는 현대의 고전으로 평가받고 있다.

7월 22일

멘델, 사후 '멘델의 법칙'으로 인정받다

7월 22일, 1822년

유전학의 아버지 멘델 태어남

현대 유전학을 개척한 수도사 그레고르 멘델이 1822년 7월 22일 오스트리아 하인첸도르프(현 체코의 하이첸)에서 농부의 아들로 태어났다. 빈곤한 집안 사정으로 대학은 포기했으나 성 아우구스티노 수도회의 수사가 되어 학문을 공부할 수 있었다. 30대 초부터 15년간 완두콩 교배실험을 통해 종의 형질유전에 관한 수학적인 법칙성을 발견해 멘델의 법칙을 만들어냈다. 멘델은 브륀의 학회지에 연구 성과를 '식물의 잡종에 관한 실험'이라는 제목으로 발표했지만 이해받지 못하다가 사후 16년이 지난 1900년에 3명의 학자들이 동일한 연구로 재발견하여 비로소 유전학의 아버지로 인정받았다.

June

6월 9일

이한열, 되살아나는 민주화의 아픈 이름

6월 9일, 1987년

이한열 열사 쓰러지다

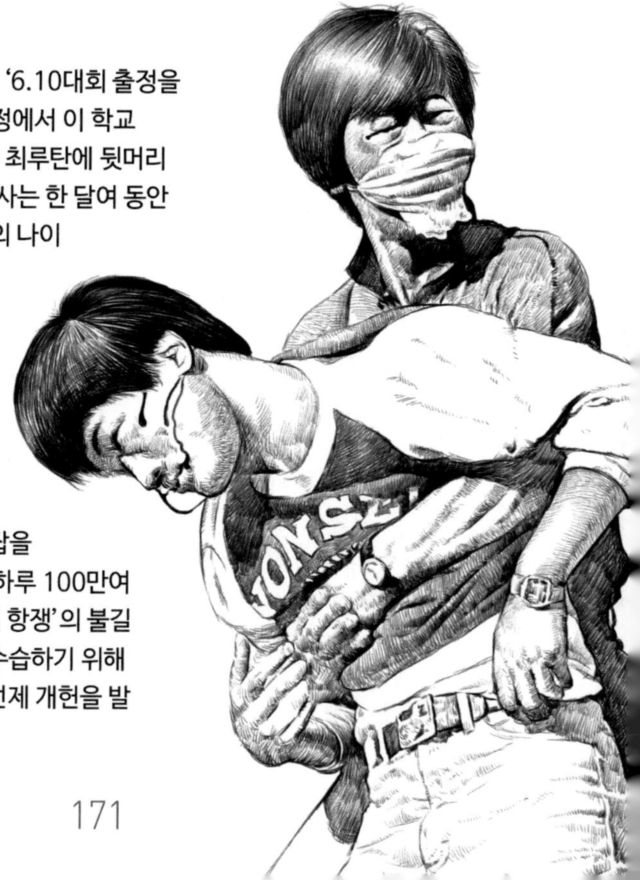

1987년 6월 9일 연세대에서 열린 '6.10대회 출정을 위한 연세인 결의대회' 후 시위 과정에서 이 학교 학생 이한열 열사가 전투경찰이 쏜 최루탄에 뒷머리를 맞고 쓰러졌다. 이 후 이한열 열사는 한 달여 동안 죽음과 싸우다 7월 5일 스물두 살의 나이에 사망했다. 7월 9일 치러진 '고 이한열 열사 민주국민장'은 연세대 본관에서 서울시청을 거쳐 광주 5.18묘역까지 이어졌다. 이한열 사건은 박종철 고문치사사건의 진상이 밝혀진 지 얼마 안 있어 발생한 일이어서 파장이 매우 컸다. 국민들의 항쟁은 걷잡을 수 없이 번져 전국 33개 도시에서 하루 100만여 명이 시위를 벌이는 등 이른바 '6월 항쟁'의 불길이 거세게 일었다. 정부는 시국을 수습하기 위해 결국 6·29 선언을 통해 대통령 직선제 개헌을 발표한다.

원숭이 재판, 창세기와 진화론이 맞붙다

7월 21일, 1925년

'원숭이 재판'에서 진화론자 유죄 선고

1925년 7월 21일 미국 테네시 주의 작은 마을 데이턴에서 생물교사가 생물학 수업에 진화론을 가르쳤다는 이유로 유죄를 선고 받았다. 피고는 고등학교 임시 생물교사 존 스콥스. 테네시 주에서는 기독교 근본주의의 압력으로 공립학교내 진화론 교육을 금하는 버틀러법이 시행 중이었다. 인구 1800명의 마을에 5000명의 방청객이 모여들 정도로 화제가 됐던 이 세기의 재판에서 스콥스는 100달러의 벌금형을 받았지만 기독교 근본주의는 재판 과정의 보도를 통해 전국적인 비웃음을 샀다.

June

6월 10일

알렉산드로스, 그가 좀 더 생존했다면?
전 세계가 통일되었을지도

6월 10일, 기원전 323년

알렉산드로스 대왕 사망

"내가 죽거든 손을 무덤 밖으로 나오게 묻어서 세계를 정복했던 알렉산더의 손도 결국 떠날 때에는 빈손이라는 것을 보여주도록 하시오"

기원전 323년 6월 10일, 역사상 유례없는 대제국을 건설한 마케도니아의 알렉산드로스 대왕이 원정지 바빌론에서 사망했다. 끊임없는 정신적·육체적 과로, 국사에 대한 엄청난 중압감, 장기간의 행군과 심각한 부상 등으로 원기가 소진되어 걸린 열병이 원인이었다. 이때 나이 불과 33세. 약관 20세의 나이로 동방 정복에 나선 이후 단 한 번도 전투에서 패하지 않은 그가 갖는 역사적 의의는 만민의 평등과 협조에 바탕을 둔 세계국가 이념이다.

July

7월 20일

아폴로 11호, 인류 최초로 달나라에 착륙하다

7월 20일, 1969년

아폴로 11호 달착륙

"이것은 한 인간의 작은 발자국에 불과하지만 인류에게 있어서는 거대한 도약이다."

-암스트롱

1969년 7월 20일 미국의 우주선 아폴로 11호가 120만km의 우주여행 끝에 바위로 뒤덮인 달의 '고요한 바다'에 착륙했다. 3인의 승무원 중 콜린스가 모선 콜롬비아를 타고 달 주위 110km 상공에서 선회하는 동안 선장 암스트롱과 올드린은 인류 최초로 달 표면에 발을 디딘 인간이 됐다. 2시간 31분의 체류를 마치고 세 사 람은 지구로 귀환, 태평양에 무사히 착륙했고 비로소 미국은 우주개발 경쟁에서 소련의 우위에 설 수 있었다.

존 웨인, 서부영화에서 미국 보수주의를 수호하다

6월 11일, 1979년

존 웨인, 영원한 서부로 떠나다

1979년 6월 11일 미국 서부극 영화의 영웅 존 웨인이 10여 년간 암 투병 끝에 72세의 나이로 사망했다. 190cm가 넘는 장신으로 고교시절 미식축구 스타이기도 했던 그는 20세기 폭스사에서 소품 담당자로 일하다가 거장 존 포드 감독을 만나면서 훗날 대스타로 도약하는 계기를 마련했다. 10년간 수십 편의 2류 서부영화에 출연했던 웨인을 존 포드 감독이 걸작 〈역마차〉의 링고 키드 역으로 발탁하여 단번에 스타의 자리로 도약했다. 무뚝뚝하면서도 강인한 미국적인 남성상과 고독한 영웅의 이미지로 일세를 풍미한 웨인은 스크린 밖에서도 강경 보수주의자로 유명했다. 1970년 〈진정한 용기〉로 아카데미 남우주연상을 받았던 웨인은 40년간 250여 편의 영화에 출연해 미국식 정의와 민주주의를 수호하고서 스크린을 떠나갔다.

July

7월 19일

드가, 무희를 화폭에 담다

7월 19일, 1834년

화가 드가 출생

1834년 7월 19일 무희의 그림으로 유명한 프랑스 화가 에드가르 드가가 태어났다. 부유한 은행가 집안의 장남이었던 그는 법률 공부를 중도 파기하고 그림을 배웠다. 고전주의 대가 앵그르를 평생 스승으로 생각한 드가는 이탈리아를 여행하며 르네상스 작품에 큰 영향을 받았다. 인상파전에 7차례나 출품했으나 그들과는 다른 성향으로 소묘에 크게 치중해 레오나르도 다빈치에 견주어질 정도였다. 말년엔 거의 시력을 잃어 조각에서 걸작을 남겼다.

June

6월 12일

보리스 옐친, 러시아 연방공화국의 최초 직선제 대통령이 되다

6월 12일, 1991년

러시아 최초 대통령 탄생

1991년 6월 12일 러시아 연방공화국의 첫 직선대통령선거가 실시돼 보리스 옐친 최고회의 의장이 득표율 57%로 당선됐다. 불과 6년 전인 1985년 중앙정치무대에 등장했던 옐친은 급진개혁정책만이 정체된 러시아에 활력을 불어넣고 경제적 어려움을 극복할 수 있다고 주장하며 미하일 고르바초프의 온건개혁정책을 비판했다. 그는 당선 후 2달 만에 일어난 보수파 공산주의자들의 쿠데타를 물리쳤고 소비에트 연방의 해체와 독립국가연합의 결성을 선언했다.

July 7월 18일

코마네치, 체조 역사상 10점 만점 시대 열다

7월 18일, 1976년

코마네치, 체조 사상 첫 10점 만점

1976년 7월 18일, 캐나다 몬트리올 올림픽 체조경기장에서 1m53cm, 39kg의 가냘픈 소녀가 올림픽 10.00의 만점을 기록했다. 막상 연기가 끝났을 때 전광판의 숫자는 1.0에 불과해 코마네치는 울상을 지었다. 그러나 그건 체조 만점이 불가능하다고 여겨 전광판 숫자가 최대 9.99까지만 나오게 된 탓이었다. 루마니아 체조요정 나디아 코마네치는 그 후에도 여섯 번이나 만점을 받아 2단 평행봉과 평균대, 개인 종합에서 금메달 3개를 거머쥐었다. 여성미 위주의 여자 체조는 코마네치 이후 기술 위주로 바뀌었다.

미란다 원칙, 인권보호의 시작을 알리다

6월 13일, 1966년

'미란다 원칙' 고지 의무화 판결

1966년 6월 13일 18세 소녀를 납치해 강간한 혐의로 경찰에 연행돼 30년 형을 선고받았던 23세의 멕시코계 청년 어네스토 미란다가 미국 연방대법원에서 무죄판결을 받았다. 경찰로부터 묵비권과 변호사의 도움을 받을 권리를 사전에 듣지 못했다는 이유였다. 우리나라 경우 미국과 차이는 있으나 근본정신은 같은 미란다 원칙이 1997년 1월에 도입됐다.

7월 17일, 1790년

경제학자 애덤 스미스 사망

1790년 7월 17일 고전경제학의 대표적인 이론가이자 윤리철학자인 애덤 스미스가 67세를 일기로 사망했다. 스코틀랜드 세무 관리자의 아들로 태어난 애덤은 글래스고 대학에서 윤리철학을 공부해 논리학 교수가 됐다. 36세에 유럽에 명성을 떨치게 된 '도덕감정론'을 발표한 후 유럽을 여행하며 중농주의 사상과 이론을 흡수했다. 53세에 국가의 간섭을 배제한 시장의 '보이지 않는 손'에 의한 자유경쟁의 중요성을 설파한 '국부론'을 발표했고 자본주의와 자유무역에 대한 이론적 토대를 마련해 영국의 정통파 '경제학의 아버지'라 불리게 된다.

체 게바라, 가슴에 인간을 품은 영원한 혁명가

6월 14일, 1928년

영원한 혁명가 체 게바라 출생

1928년 6월 14일 영원한 혁명가 체 게바라가 아르헨티나에서 태어났다. 중산층에서 태어난 게바라는 부에노스아이레스 의과대학을 졸업한 후 의사의 길을 걷다가 남미의 사회적 불평등과 빈곤을 해소하는 유일한 방법은 혁명이라 확신하고, 멕시코에서 피델 카스트로를 만나 쿠바 혁명에 동참, 성공시켰다. 그러나 그는 카스트로와 달리 쿠바가 자본주의도 공산주의도 아닌 제 3의 길을 찾아야 한다고 생각했다. 아프리카 콩고에서의 혁명 지원활동이 실패한 후 남미 최빈국 볼리비아에서 다시 혁명을 꿈꿨으나 1967년 전투 중 총탄을 맞고 체포돼 사살됐다. 사르트르가 '그 시대의 가장 완전한 인간'이라고 평가했듯이 그는 완벽한 인간상을 추구한 '영원한 혁명가'였다.

제인 구달, 영국의 동물학자 및 침팬지 연구가

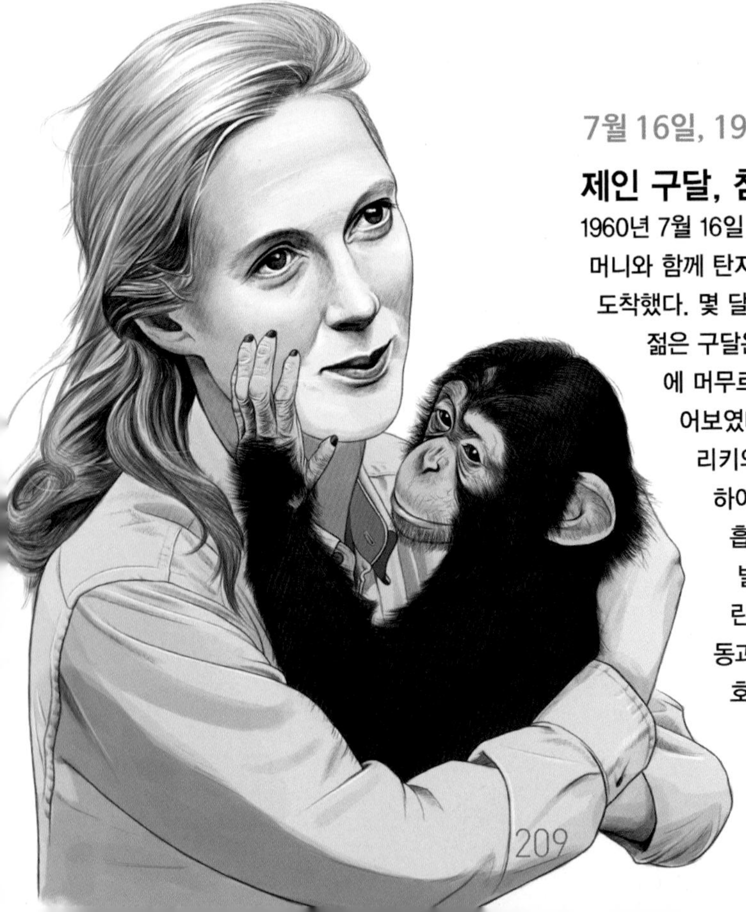

7월 16일, 1960년

제인 구달, 침팬지 사회에 참여

1960년 7월 16일 26세의 제인 구달이 어머니와 함께 탄자니아 침팬지 보호구역에 도착했다. 몇 달 뒤 귀국한 어머니와 달리 젊은 구달은 이후 10여 년 넘게 그곳에 머무르며 영장류의 신세계를 열어보였다. 저명한 고고학자 루이스 리키의 지원으로 침팬지를 연구하여, 잔인한 구석마저 인간과 흡사한 침팬지의 행동양식을 발견해 세계를 충격에 빠뜨린 제인 구달은 동물보호운동과 침팬지의 생존구역 보호를 위한 노력을 계속하고 있다.

6월 15일, 1942년

카뮈, 소설 '이방인' 출판

1942년 6월 15일 프랑스 갈리마르 출판사에서 알베르 카뮈의 소설 '이방인'이 출판됐다. 파리가 아닌 프랑스 식민지 알제리에서 태어난 카뮈는 빈곤 속에서 자랐지만 알제대학교 철학과에서 평생의 스승 장 그르니에를 만나 인간 존재의 부조리함과 고민을 토해낼 수 있었다. 독일 점령하의 프랑스에서 발표한 '이방인'은 발표되자마자 카뮈를 일약 문단의 총아로 만들었다. '이방인'은 주인공 뫼르소가 부조리한 세상에 대해 완전 무관심한 태도로 살다 살인을 범하고 사형을 선고받아 죽음에 직면해서야 비로소 삶의 의미와 행복을 깨닫는다는 이야기다. 카뮈는 1957년 노벨문학상을 받고나서 장편 '최초의 인간'을 집필하기 시작했을 때, 자동차 사고로 죽었다.

베르사체, 이탈리아 패션계의 태양왕

7월 15일, 1997년

디자이너 베르사체 피살

1997년 7월 15일 이탈리아의 패션 디자이너 지아니 베르사체가 미국 플로리다의 자택 현관에서 동성애자를 혐오하던 20대의 연쇄살인범이 쏜 2발의 총격을 받고 사망했다. 이탈리아 남부 시골 출신의 베르사체는 26세에 밀라노에서 디자이너로 등장했고 32세에 '지아니 베르사체' 상표를 내걸고 독립했다. 1회용 반창고 스커트, 검정가죽 점퍼, 첨단 소재의 섹시하고 여성스러운 옷들로 파리와 뉴욕을 휩쓴 그는 로마신화의 태양신을 본딴 베르사체 상표로 조르지오 아르마니와 함께 '최고급 기성복'의 상징이 됐고 세계적으로 유사품 시장이 번창했다.

June

6월 16일

테레시코바, 우주로 날아오른 최초의 여성

6월 16일, 1963년

테레시코바, 우주로 날아간 최초의 여성이 되다

1963년 6월 16일 러시아의 우주선 보스토크 6호가 성공적으로 발사돼 우주로 진입했다. 조종사는 26세의 여성 발렌티나 테레시코바. 그녀는 17세부터 타이어공장과 방직공장에서 일한 평범한 여성노동자였는데 취미가 '낙하산 타기'였다. 1인 우주비행선인 보스토크 6호를 타고 우주로 날아오른 테레시코바는 70시간 50분 동안 지구를 48바퀴 선회한 뒤 지구로 무사 귀환해 1961년 보스토크 1호의 가가린 이래 또 한 번 미국에 좌절감을 안겼다.

July

7월 14일

박지성, 한국 축구의 심장, 레전드가 되다

7월 14일, 2005년

박지성, EPL 맨유 공식 입단

2005년 7월 14일 네덜란드 프로축구 에인트호벤에서 활약했던 박지성이 잉글랜드 프리미어리그 명문 구단인 맨체스터유나이티드에 입단했다. 한국선수가 잉글랜드 프리미어리그에 진출한 것은 박지성이 처음으로, 맨체스터유나이티드와 에인트호벤 간에 이적료 600만 유로(약 73억6000만원)으로 이적계약이 확정되어 4년 계약에 합의해 공식 입단식이 열린 것이다. 1878년에 철도노동자들이 성금을 모아 창단한 맨유는 애칭이 '붉은 악마들(Red Devils)'이다.

6월 17일

자유의 여신상, 세계를 밝히는 자유의 상징이 되다

6월 17일, 1885년

자유의 여신상 뉴욕 도착

1885년 6월 17일 자유의 여신상이 프랑스 군함인 이제르에 실려 미국의 뉴욕에 도착했다. 미국 독립 100주년을 기념하기 위해 프랑스의 국민과 정부가 기증한 자유의 여신상은 미국에서 준비한 받침대까지 합친 높이가 93.5m, 무게 225t이다. 설계는 프랑스 조각가 프레데릭 바르톨디, 분해와 조립을 맡은 사람은 에펠탑을 건축한 귀스타프 에펠이었다. 여신상의 공식 명칭은 '세계를 밝히는 자유'. 프랑스와 미국 두 나라의 우정의 상징인 자유의 여신상은 전 세계에 미국을 나타내는 심벌이 되었고 1984년 유네스코 세계문화유산으로 등재됐다.

July 7월 13일

엘비스 프레슬리, 록큰롤의 대중화에 기여하다

7월 13일, 1956년

엘비스 '하운드독' 음반 발표

1956년 7월 13일 흑인 여성 블루스 가수 빅 마마 손튼의 R&B곡 '하운드 독'이 엘비스 프레슬리의 리메이크 곡으로 발표됐다. 이 엘비스 버전은 무려 11주 동안 팝 차트 정상을 지켜 이후 36년간 빌보드 최장기록으로 남는다. 이미 6월에 '밀튼 벌 쇼'라는 방송에서 엘비스는 이 노래를 부르며 경련하듯 하반신을 흔들어대는 모습을 보여 4천만 명의 시청자들을 경악시킨 바 있었다. 로큰롤과 '플레이보이'지, 그리고 엘비스는 기성세대의 비난의 상징물이 됐지만 젊은 세대는 열광의 도가니에 빠졌다.

6월 18일

나폴레옹, '내 사전엔 불가능은 없다' 하지만 그도 좌절했다

6월 18일, 1815년

나폴레옹, 워털루전투 패배

1815년 6월 18일 벨기에 남동부의 평원 워털루에서, 유럽을 호령하다 러시아에서의 패전으로 엘바섬에 유배된 후 탈출해 황제가 됐던 나폴레옹 보나파르트가 프로이센과 영국 웰링턴 공작의 연합군에게 대패했다. 이날 패배로 나폴레옹의 재집권은 백일천하로 끝나고 대서양의 외딴 섬 세인트헬레나에 다시 유배된 나폴레옹은 51세의 나이로 생을 마감했다.

July

7월 12일

소로, 자유주의 사상가이자 시민운동의 선구자

7월 12일, 1817년

숲속의 철학자 소로 출생

1817년 7월 12일 19세기 미국의 자유주의 사상가이자 호숫가 숲 속의 삶을 기록한 '월든'의 작가 헨리 데이비드 소로가 출생했다. 그는 잘못된 제도와 그릇된 사고방식에 저항해 월든 호숫가에 오두막을 짓고 모험과 자유를 즐기며 자신과 대면했다. 그의 또 다른 저서 '시민의 불복종'은 톨스토이, 간디, 마틴 루터 킹 등 수많은 혁명가와 인권 운동가, 사상가들에게 영향을 끼쳤다.

June

6월 19일

야구, 공이 아닌 사람이 득점하는 스포츠의 매력

6월 19일, 1846년

최초의 야구 경기가 열리다

1846년 6월 19일 뉴저지주의 호보켄에서 열린 최초의 야구 경기에서 '뉴욕 나인' 팀이 '니커보커스' 팀을 4이닝 동안 23대 1로 이겼다. 방망이와 공을 이용하는 경기는 영국에서 크리켓, 원홀 캣, 라운더스 등 여러 종류로 발전했는데 아메리카 대륙으로 옮겨온 후 뉴욕시의 서적상이자 소방봉사자인 알렉산더 카트라이트가 야구의 기초적인 규칙을 발명해 오늘날 현대 야구로 진화하게 됐다. 1953년 미국 의회에서 공식적으로 카트라이트를 현대 야구의 창시자로 공표해 그는 '야구의 아버지'로 불린다.

July

7월 11일

헨리 8세, 영국 국교회를 수립하다

7월 11일, 1533년

교황, 헨리 8세 파문

1533년 7월 11일 교황 클레멘스 7세가 잉글랜드 왕 헨리 8세를 파문에 처했다. 형이 죽은 뒤 형수 캐서린과 결혼한 헨리 8세가 둘 사이에 아들이 없다는 이유로 이혼을 요청했다가 거절당하자 의회의 동의를 받아 이혼하고 앤 불린과 결혼했기 때문이었다. 이후 잉글랜드 교회는 로마로부터 독립, 왕을 수장으로 한 성공회가 영국의 국교가 된다. 그러나 후일 캐서린의 딸 메리 튜더가 잉글랜드 최초로 여왕에 즉위하여 가톨릭을 부활시키고 신교도를 무자비하게 박해하여 '블러디 메리'라 불리게 된다.

June

6월 20일

영화 조스, 블록버스터 영화 시대를 열다

6월 20일, 1975년

영화 ‘조스’ 개봉

1975년 6월 20일 피터 벤츨리의 베스트셀러 소설을 원작으로 무명의 신인 감독 스티븐 스필버그가 만든 영화 ‘조스’가 최초로 미 전역의 409개 극장에서 동시 개봉됐다. 누구나 이해할 수 있는 심플한 스토리와 선명한 시각적 이미지, 대규모 광고와 마케팅의 도입으로 조스는 ‘블록버스터의 아버지’로 꼽히며 영화사의 새 패러다임을 만들어냈다. 손가락 2개로 피아노의 저음부 건반을 반복해 눌러 테마음악을 작곡한 존 윌리엄스의 천재성에 힘입어 스필버그는 일약 세계적 감독의 대열에 올라섰다.

7월 10일

마르셀 프루스트, 명작 '잃어버린 시간을 찾아서'를 남기다

7월 10일, 1871년

작가 마르셀 프루스트 출생

1871년 7월 10일 프랑스 작가 마르셀 프루스트가 파리 근처 오퇴유에서 태어났다. 교양을 갖춘 부르주아지 집안에서 유복하게 자라난 프루스트는, 9세 때 걸린 천식으로 평생을 고생하게 된다. 병약한 상태에서도 문학적 정진을 게을리하지 않았던 그는 1부 '스완네 쪽으로'를 시작으로, 13년 동안 코르크를 두른 밀실에서 투병하면서도 의식의 흐름을 기법으로 묘사한 인간 내면을 탐색한 대하소설 '잃어버린 시간을 찾아서'를 완성해 20세기 최고의 작가 중 한 사람으로 꼽힌다.

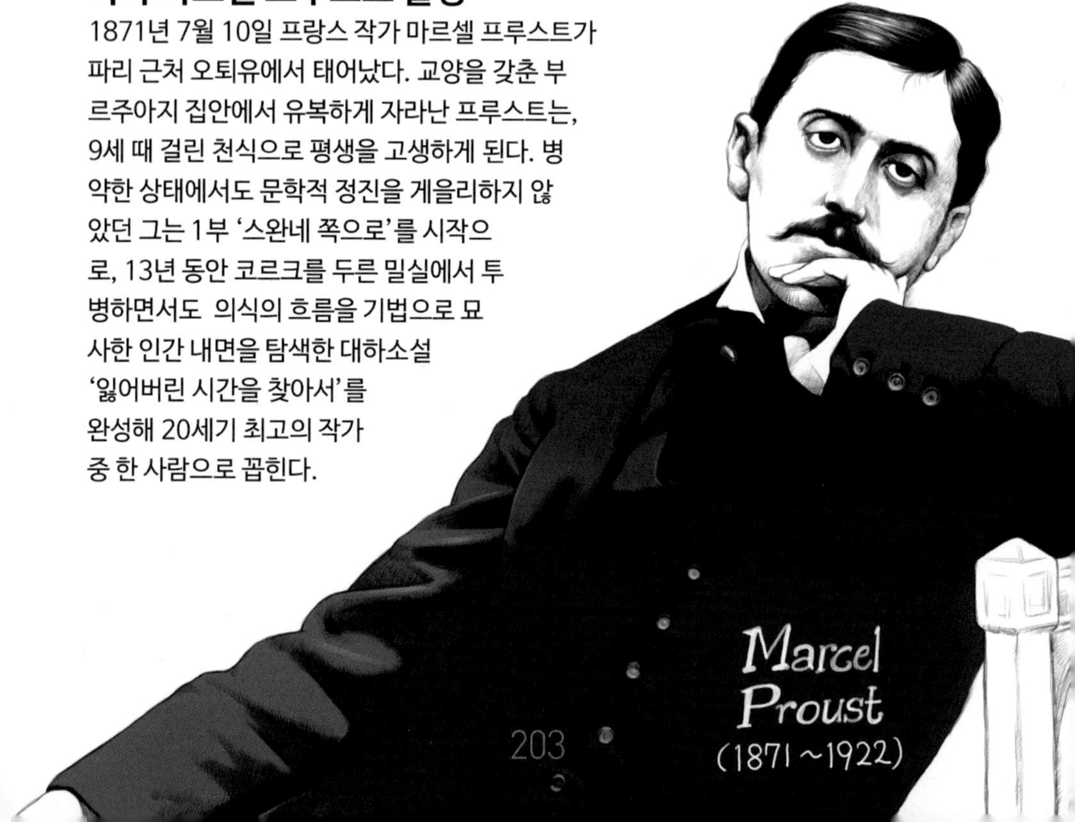

June 6월 21일

마키아벨리, 국가란 무엇인가 논쟁을 던지다

6월 21일, 1527년

르네상스인 마키아벨리 사망

1527년 6월 21일 르네상스 시대 이탈리아의 사상가, 정치철학자인 니콜로 마키아벨리가 58세를 일기로 사망했다. 이탈리아의 도시국가인 피렌체의 가난한 집안 출신인 마키아벨리는 20대에 이미 공화정의 내정, 군사, 외교 방면에서 크게 활약한 천재였다. 그는 저서인 '군주론'에서 국가이익을 위해서는 어떠한 수단도 용인돼야 하며, 정치는 도덕이나 종교로부터 자유로워야 한다고 주장해 격렬한 반발을 불러일으켰고 500년 가까이 지난 현재도 논쟁은 끝나지 않고 있다.

July **7월 9일**

앤디 워홀, 순수미술의 경계를 허문 팝아트의 선구자

7월 9일, 1962년

앤디 워홀 첫 개인전

1962년 7월 9일 잡지 삽화와 광고 디자인 등 상업미술가로 승승장구하던 앤디 워홀이 미국 LA의 페러스 갤러리에서 첫 개인전을 열었다. 34세의 젊은 워홀은 미국인들이 즐겨 먹던 캠벨사의 수프 통조림 32종류를 똑같이 그려 옮긴 작품을 선보였는데, 마치 슈퍼마켓의 진열장처럼 보이도록 한 이 그림들은 현대사회의 특징인 대량생산과 복제의 이미지를 미술에 차용하고 갤러리와 슈퍼마켓을 동등한 무대로 암시해 예술의 고정관념을 뒤집어 버렸다.

갈릴레이, 말할 수 없었던 진리 '그래도 지구는 돈다'

6월 22일, 1633년

갈릴레오 갈릴레이 지동설 철회

1633년 6월 22일 천문학자이자 물리학자, 수학자였던 이탈리아의 갈릴레오 갈릴레이가 자신이 주장해 왔던 지동설을 철회했다. 갈릴레이는 자신이 발명한 망원경으로 달에 산과 계곡이 있고 목성도 위성을 갖고 있다는 것 등 새로운 사실들을 밝혀내 코페르니쿠스의 지동설이 옳음을 확립했다. 그러나 천동설을 지지하던 교황청의 압력에 견디지 못한 그는 지동설을 거두어들였고 그의 책은 200여 년간 금서로 지정됐다. 지동설 철회 후 그가 말했다는 "그래도 지구는 돈다"는 독백은 진위가 확실치 않다.

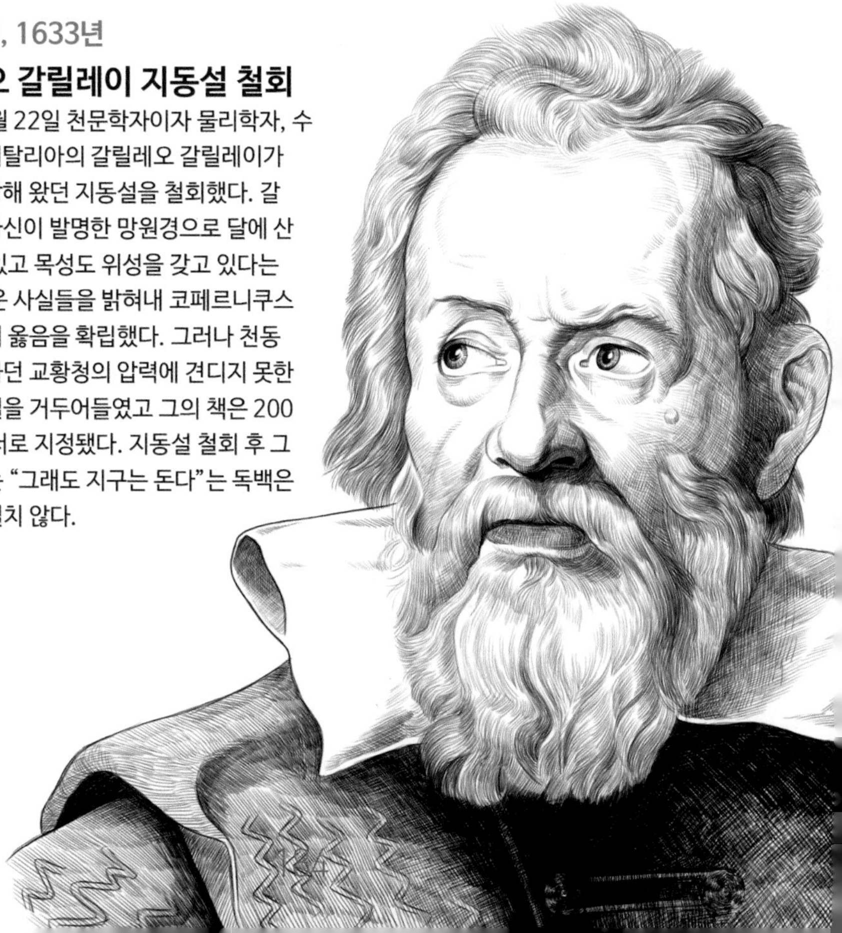

July

7월 8일

윔블던 테니스, 영국 테니스의 성지이자 자존심

7월 8일, 1877년

윔블던 테니스 대회 개막

1877년 7월 8일 세계 4대 메이저 테니스 대회 가운데 가장 권위있는 대회이자 유일하게 잔디 코트에서 펼쳐지는 윔블던 테니스 대회가 영국 런던 외곽 윔블던에서 처음 열렸다. 윔블던 대회는 유니폼과 운동화 색깔을 흰색으로 제한하는 등 독특한 전통을 유지하고 있다. 최다 우승자는 '철녀' 나브라틸로바로 무려 9차례나 우승 트로피를 안았다. 개최국 영국의 우승자는 1977년을 마지막으로 나오지 않고 있다. 때문에 자국 대회에서 자국 선수가 우승하지 못하는 현상을 빗대 '윔블던 효과'라는 경제 용어까지 생겨났다.

June

6월 23일

나세르, 이집트의 중립주의·비동맹주의 선언하다

6월 23일, 1956년

나세르, 이집트 초대 대통령 당선

1956년 6월 23일 영국의 비호를 받던 파르크 왕정을 쿠데타로 무너뜨렸던 청년장교 가말 압델 나세르가 이집트 최초의 국민투표에서 99.9%의 득표로 대통령에 당선됐다. 그는 재임 1개월 만에 '수에즈운하 국유화'를 선언해 제2차 중동전쟁의 화약고를 터뜨렸고 전쟁에는 패배했으나 국제여론의 지지를 받아 운하를 획득하고 일약 아랍세계의 영웅으로 부상했다. 이집트인들은 아랍세계의 통일을 꿈꾼 나세르를 '라이스(두목)'라 부르며 추앙했다.

7월 7일

코난 도일,
추리소설을 생활 속의 즐거움으로 변신시키다

7월 7일, 1930년

'셜록 홈즈' 작가 코난 도일 사망

전 세계에서 가장 유명한 추리소설의 주인공 인 셜록 홈즈를 탄생시켰던 영국의 작가 아서 코난 도일이 1930년 7월 7일 연설 도중 심장 마비로 사망했다. 원래 직업이 의사였음에도 생활고에 시달린 코난 도일은 추리소설가 에드가 앨런 포를 본받아 명탐정의 영원한 대명사 셜록 홈즈를 창조했다. 홈즈의 콤비였던 닥터 왓슨을 통해 의사로서 그의 경력이 드러난다. 자신이 창조한 캐릭터가 지겨워진 나머지 '마지막 사건'이란 단편에서 셜록 홈즈가 폭포에서 떨어져 죽는 것으로 시리즈를 끝내려 했으나 독자들의 열화 같은 아우성 때문에 '빈 집의 모험'이란 단편에서 죽었던 홈즈를 다시 살려놓는 이야기는 유명하다. 소설 속 홈즈의 주소인 런던의 베이커 스트리트 221B번지에는 지금도 세계 각국의 어린이와 독자들이 셜록 홈즈 앞으로 편지를 보내온다고 한다.

June

6월 24일

케네스 아놀드, UFO 존재를 대중화시키다

6월 24일, 1947년

미국의 케네스 아놀드 최초의 UFO 목격

1947년 6월 24일 미국 서북부 워싱턴 주의 레이니어 산 상공을 자가용 비행기로 날고 있던 실업가 케네스 아놀드는 갑자기 9대의 이상한 비행 물체를 목격하였다. 그는 지상에 착륙하자마자 자신의 목격담을 비행장의 지상 근무 요원에게 말했고, 그를 통해 사건이 널리 알려졌다. 당시 케네스 아놀드는 기자 회견에서 자신이 목격한 물체가 마치 '수면을 튀면서 날아가는 접시' 같았다고 표현하였는데, 이 말이 AP통신의 한 기자에 의해서 '비행 접시(Flying Saucer)'란 이름이 붙여져 널리 보도되었다. 그 뒤 미국의 언론사에는 전국 각지에서 UFO를 목격했다는 사람들의 제보가 잇따랐고, 이에 급기야는 미 공군이 정식으로 조사에 착수하게 되었다. 이때부터 1960년대에 이르기까지 미 공군은 여러 가지 이름으로 UFO조사, 연구 계획을 수행했는데, 그 결과는 한결같이 부정적인 것이었다. 그럼에도 불구하고 그 계획에 관여했던 몇몇의 미 공군 장교나 과학자들은 UFO의 존재에 대한 회의론자에서 오히려 긍정론자로 변신하여 더욱 연구에 힘쓰는 한편, UFO가 실재한다는 사실을 일반 대중에게 널리 알리는 데 공헌하기도 하였다.

7월 6일

프리다 칼로,
그녀는 불행했지만 페미니스트의 우상이 되다

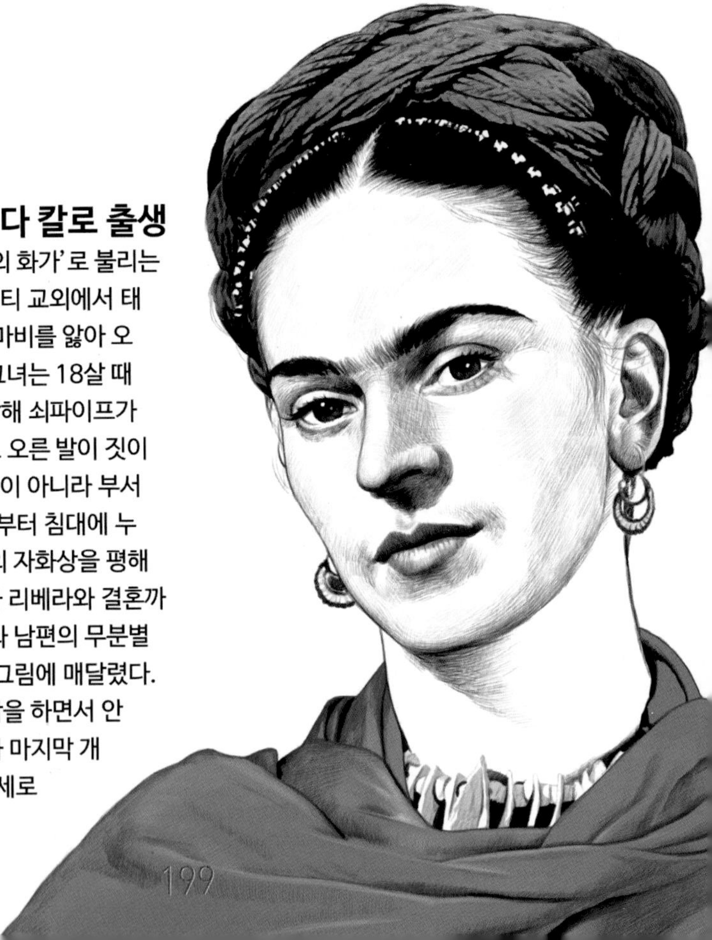

7월 6일, 1907년

멕시코 화가 프리다 칼로 출생

1907년 7월 6일 '고통의 화가'로 불리는 프리다 칼로가 멕시코시티 교외에서 태어났다. 어린 시절 소아마비를 앓아 오른쪽 다리가 불편했던 그녀는 18살 때 치명적인 교통사고를 당해 쇠파이프가 척추와 골반을 관통하고 오른 발이 짓이겨졌다. 칼로는 '다친 것이 아니라 부서졌다'고 표현했다. 그때부터 침대에 누워 그림을 그렸고 그녀의 자화상을 평해 주던 멕시코의 천재화가 리베라와 결혼까지 했으나 연이은 유산과 남편의 무분별한 외도로 고통 받으며 그림에 매달렸다. 리베라와 이혼과 재결합을 하면서 안정은 찾았으나 처음이자 마지막 개인전을 가진 이듬해 47세로 세상을 떠났다.

김기수, 헝그리 복서, 세계챔피언이 되다

6월 25일, 1966년

김기수 한국 최초 세계챔피언 등극

1966년 6월 25일 함경남도 북청 태생의 가난한 권투소년 김기수가 이탈리아의 니노 벤베누티를 2대 1 판정승으로 이기고 우리나라 최초로 프로 복싱 세계챔피언이 됐다. 1951년 1·4후퇴 당시에 월남했던 소년 김기수는 육상 단거리 선수생활도 했고 전남지역을 주름잡는 씨름선수로도 활약했는데 아마추어 복싱 데뷔 후 프로전향 전까지 88전 87승 1패의 화려한 성적을 거두었다. 유일한 1패를 안겨줬던 선수가 바로 1960년 로마올림픽 때의 벤베누티였는데 통쾌한 설욕을 한 셈이었다. 가난에 찌들었던 시절, 5만 5000달러나 되는 개런티를 주면서까지 일궈낸 김기수의 승리는 국민들에게 꿈과 자신감을 심어준 '일대사건'이었다.

비키니, 파격적 수영복은 다이어트 산업을 촉발하다

7월 5일, 1946년

비키니 수영복 등장

태평양 산호초 섬 비키니에서 미국이 공개 핵실험을 가진 뒤 나흘째인 1946년 7월 5일 프랑스 파리에서 수영복 대회가 열려 대회장을 가득 메운 1만여명의 사람들 앞에 한 여성모델이 가슴과 아랫도리만 조그만 천으로 가린 채 자신의 알몸을 드러냈다. 디자이너 루이 레아는 자신이 만든 수영복에 '비키니'라는 이름을 붙였다.
노란 물방울 무늬에 상하의 투피스로 된 이 수영복에 사람들은 큰 충격을 받았다. 처음에는 모델들이 비키니를 입으려 하지 않아 스트립댄서에게 옷을 입혀 대회에 내보내야 할 정도였다.
유행의 물결을 타기 시작한 것은 1960년대에 영화배우 브리지트 바르도가 비키니를 즐겨 입으면서부터였다.

김구, 안두희의 흉탄으로 쓰러지다

6월 26일, 1949년

백범 김구 피살

1949년 6월 26일 서울 서대문 근처 백범의 거처인 경교장에서 육군 소위 안두희가 45구경 권총으로 백범 김구를 암살했다. 조국 광복을 위해 평생을 바친 73세 노 혁명가의 죽음은 한반도 통일정부수립을 갈망하던 국민들을 충격에 빠뜨렸다. 장례식은 국민장으로 거행됐으며, 유해는 효창공원에 안장됐다. 암살자 안두희는 무기징역을 언도받았으나, 6.25발발과 함께 특사 조치로 석방돼 육군 중령으로 복귀하는 등 배후에 대한 의문은 풀리지 않았다.

July

7월 4일

루이스 캐럴, 수학자가 환상문학의 효시가 되다

7월 4일, 1862년

‘이상한 나라의 앨리스’ 탄생

1862년 7월 4일 영국 옥스퍼드대 수학교수이자 논리학자인 루이스 캐럴이 템스 강의 피크닉에 함께 갔던 단과대 학장의 세 딸들에게 ‘앨리스 이야기’를 들려주었다. 세 딸 중의 하나인 앨리스의 이름을 딴 이 이상한 동화는 이듬해 책으로 출간됐는데 바로 ‘이상한 나라의 앨리스’라는 제목이었다. 천성적으로 수줍음이 많아 사람들과 어울리길 싫어하고 소녀들만 좋아했던 작가 루이스 캐럴의 이 동화는 삽화가 존 테니얼의 그림과 함께 어우러져 환상문학의 효시이자 롱 스테디셀러로 자리 잡는다.

June

6월 27일

체코, '2000어 선언', 프라하의 봄이 시작되다

6월 27일, 1968년

체코 '2000어 선언' 발표

1968년 6월 27일 체코슬로바키아의 공산독재를 비판하고 자유민주화를 촉구하는 '2000어 선언'이 발표됐다. 스탈린주의자 노보트니 보수정권이 물러나고 온건개혁파 두브체크가 '인간의 얼굴을 한 공산주의'를 주창하며 개혁정책을 표면화한 선언으로 이른바 '프라하의 봄'이 도래한 것이다. 그러나 소련은 이러한 체코의 민주화운동이 동유럽 공산국가들에게 미칠 영향을 우려해 불법으로 무력침공을 감행해 개혁을 무산시켜 버렸다.

7월 3일

짐 모리슨, 요절한 천재 리드보컬

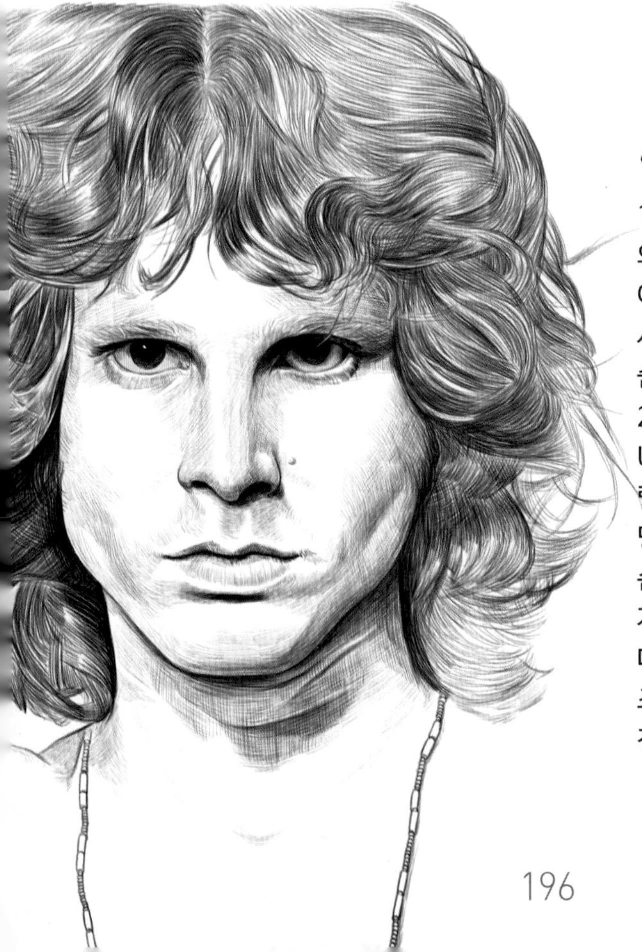

7월 3일, 1971년

‘도어스’의 짐 모리슨 사망

1971년 7월 3일 미국의 밴드 ‘도어스’의 리드 보컬이자 작사가인 짐 모리슨이 파리에 있는 자신의 아파트 욕조에서 마약 과다복용에 의한 심장마비로 숨진 채 발견됐다. 당시 그의 나이 겨우 28세. 플로리다 태생의 짐 모리슨은 UCLA에서 그룹 도어스를 결성해 격렬하고 파괴적인 음악으로 단숨에 유명해졌다. 반항의 아이콘이 된 짐 모리슨은 도어스의 큰 성공에도 불구하고 자기 파괴적 행동으로 치달았고 60년대 3J로 불린 지미 헨드릭스, 재니스 조플린과 마찬가지로 채 30대가 되기 전에 유명을 달리하고 만다.

June

6월 28일

펠레, 축구 그 자체, 더이상 없을 레전드

6월 28일, 1958년

펠레 일약 스타로 부상

1958년 6월 28일 스웨덴 스톡홀름에서 열린 제6회 월드컵 결승전에서 브라질이 주최국 스웨덴을 5대 2로 이기고 우승했다. 이날 브라질 승리의 원동력은 신장 168cm, 체중 67kg의 17세 소년 펠레였다. 가히 이번 스웨덴 월드컵은 훗날 '축구황제'라는 칭호를 얻은 펠레를 위한 대회였다. 수줍음 잘 타는 앳된 얼굴의 17세 소년 펠레는 등번호 '10'을 달고, 프랑스전 해트트릭과 결승전 2골 등 6골을 터뜨리며 브라질에 첫 줄리메컵을 안겼다.

특히 이날 스웨덴과의 결승전에서 그가 뽑아낸 골은 역대 최고의 골 장면으로 남아 있다. 왼쪽 사이드에서 올라온 센터링을 정확한 트래핑으로 수비 한명을 제친 뒤, 다시 수비 머리 위로 공을 띄운 후 돌아 들어가 발리슛으로 넣은 골은 신기에 가까웠고, 상대편이던 스웨덴 관중의 기립박수까지 쏟아져 나왔다.

펠레는 13세에 브라질 프로축구 산토스에 입단한 이래 1363경기에 출전해 1281골을 뽑아내며 축구황제로 군림했지만, 따뜻한 인간미로 더욱 사랑받았다.

July

7월 2일

헤르만 헤세, 시계공에서 세계적인 소설가가 되다

7월 2일, 1877년

헤르만 헤세 출생

독일의 시인이자 소설가 헤르만 헤세가 1877년 7월 2일 선교사의 아들로 태어났다. 아버지의 간곡한 부탁에 수도원학교에 입학했지만 "시인 이외에는 아무 것도 되고 싶지 않았기 때문"에 7개월 만에 도망쳤다. 고향 시계 공장에서 직공 노릇을 하며 정신적 안정을 찾은 이후 9년간 서점에서 일하며 문학수업을 했다. 낭만주의 정서가 담긴 처녀시집 '낭만적인 노래', 산문집 '자정 이후의 한 시간'을 출판해 릴케에게도 인정받았다. '데미안' '싯다르타' '유리알 유희' 등 숱한 작품으로 독일 문학계의 한 별로 남았다.

6월 29일

한용운, '님의 침묵'으로 일제에 저항하다

6월 29일, 1944년

만해 한용운 서거

승려이자 시인이었고 독립운동에 그 누구보다 힘썼던 만해 한용운 선생이 1944년 6월 29일 눈을 감았다. 그는 1926년 희대의 시집 '님의 침묵'을 내놓으며 저항문학에 앞장섰다.

우리는 만날 때에 떠날 것을
염려하는 것과 같이
떠날 때에 다시 만날 것을 믿습니다.
아아, 님은 갔지마는
나는 님을 보내지 아니하였습니다.
제 곡조를 못 이기는 사랑의 노래는
님의 침묵을 휩싸고 돕니다.

<님의 침묵>중에서

July

7월 1일

백석, 사슴처럼 고요한 비운의 서정시인

7월 1일, 1912년

시인 백석 출생

1912년 7월 1일 서정시인 백석이 평안북도 정주에서 태어났다. 24세에 자비로 출판한 시집 '사슴'으로 단숨에 한국 시단의 기린아로 떠올랐다. 함흥에서 영어교사로 재직하다 만주로 유랑하며 시를 썼고 해방 후 고향 정주로 내려가 창작을 계속했으나 1960년대 초 숙청당했다.

멧새소리

처마끝에 명태를 말린다
명태는 꽁꽁 얼었다
명태는 길다랗고 파리한 물고긴데
꼬리에 길다란 고드름이 달렸다
해는 저물고 날은 다 가고 볕은 서러웁게 차갑다
나도 길다랗고 파리한 명태다
문턱에 꽁꽁 얼어서
가슴에 길다란 고드름이 달렸다

June

6월 30일

바람과 함께 사라지다, 내일은 또 다른 태양이 떠오른다

6월 30일, 1936년

'바람과 함께 사라지다' 출간

1936년 6월 30일 무명작가 마거릿 미첼의 처녀작이자 유일무이한 소설 '바람과 함께 사라지다'가 출간됐다. 어린 시절 아버지로부터 듣던 남북전쟁 이야기와 10년 동안의 조사와 집필 끝에 완성한 1037페이지의 이 대작은 출판사들이 거절해 어느 출판사의 한 직원에게 떠넘기다시피 하여 빛을 보았고 6개월 만에 100만 부가 팔렸으며 이듬해 퓰리처상을 받았다. 작가 미첼이 원래 붙이려했던 제목은 '내일은 또 다른 태양이 떠오른다' 였다고 한다.

7월
July

8월
August

9월
September

10월
October

11월
November

12월
December